宗教文庫

多難之路猶太教

黃陵渝　著

東大圖書公司

自　序

　　造化真是讓人琢磨不透。記得小時候，在電視裡看到納粹集中營裡屠殺猶太人的記錄片，嚇得一連十幾個夜裡天天做噩夢，夢中全是一間間滋滋冒氣的毒氣室，一堆堆腐爛發臭的頭髮、人皮、牙齒，一個個枯瘦如柴的身影，一雙雙絕望無助的眼神……。何曾想到三十餘年後，我竟然成為一名研究猶太教的學者，被政府派到耶路撒冷以色列希伯來大學去研修猶太教及相關專業。

　　對於年已過四十歲的我，學習是很苦的，但我非常珍惜這個來之不易的機會。剛開始，我覺得難極了，由於英語聽力差，根本聽不懂教授講的是什麼，更談不上記下完整的筆記。每天上完六、七個小時課後，我的腦袋木得像疙瘩一樣，累極了。不巧的是，這時候，又得了急性膽囊炎，沒有藥，以色列醫生堅持全檢後才給我開藥，整整兩個月，我疼得臉都黑了，還得捂著肚子、硬著頭皮聽那些聽不懂的課。兩個月過後，終於有一天我能聽懂課了，我高興極了，教授和同學們也為我高興。期末時，我以名列前茅的成績結束了學業。

　　課餘時間，我在原國際宗教史學會祕書長茨維·沃布洛斯基教授等世界第一流學者的親自指導下，啃讀了數以百計

的著作，寫出了大量的讀書筆記。同時，我在以色列各地進行實地考察，多次參加大學組織的安息日、節日聯歡活動；在正統派猶太教的安息日早禱儀式和午餐活動中，體驗「上帝揀選子民」的優越感；在圖·比－舍巴特節與改革派猶太教師生一道去《塔納赫》時代的古戰場格澤基布茲種樹，誦讀〈頌讚詩篇〉；在保守派猶太教神學院課堂裡，細心聆聽學生們關於「亞伯拉罕獻祭以撒」的討論。西牆更是我常去之地，在那裡我強烈地感受到猶太人複雜的民族情感。在以色列國立博物館，我詳盡地了解著猶太人艱辛苦難的歷史。我已經記不得我走訪過多少猶太教會堂、耶希瓦、經學校，與多少拉比、哈贊、教徒聊過天。總之，我走到那裡、看到那裡、問到那裡、學到那裡。在留學期間，我積累了數百萬字的第一手資料。

回國後，我沒有理睬社會的喧囂與浮躁，一心一意埋頭在學問中，堅守冷板凳和清貧的生活。由於國內有關猶太教的資料極其匱乏，給我的研究帶來了難以想像的困難。為了能徹底理清猶太教的整體脈絡，我每天都要查閱、記錄、翻譯大量的中外文材料，還不時到圖書館、書店、書市去搜尋一切可以借鑒之書，網際網路更是我必不可少的幫手。

功夫不負有心人，終於在我的腦海裡已能勾畫出猶太教全貌的瑰麗畫卷。這裡，我把這幅美麗的畫卷呈現給讀者，它將為你們展現出一幅幅關於猶太教歷史、教義、倫理、律法、經典、教派、制度、風俗、禮儀、節日和聖地的美麗畫

面，希望它能幫助你們了解猶太教，了解猶太民族。總之，能為世界的和平與繁榮盡一份心力是我終生的宿願！

我也要把《多難之路──猶太教》一書獻給我的父母黃瑛先生和王宇女士，沒有他們多年的幫助、支持與鼓勵，我不會有現在的成就。同時，我還要感謝東大圖書公司編輯們，這本書的出版與他們付出的心血與精力是絕對分不開的。

黃陵渝於北京

多難之路

猶太教

目　次

第四章　猶太教經典

第五章　猶太教教派

第六章　猶太教制度

第七章　猶太教習俗與外在標誌

第八章　猶太教的人生禮儀

第九章　猶太教節日

第十章　猶太教聖地與名勝古蹟

引　子

　　猶太教是產生於美索不達米亞地區的一種閃族宗教，逐漸發展為人類最古老的一神教。猶太教作為世界一神教之母，與基督教、伊斯蘭教有密不可分的淵源關係。猶太教包括猶太人的宗教與文明，為世界上絕大多數猶太人所信奉和遵行。

　　猶太教的核心是相信宇宙只有一位而且是惟一的上帝——雅赫威（即：耶和華）存在。祂是全能的，超越一切的，不受任何物質存在、形式和表現的約束。祂是永恆的，存在於所有的歷史事件中，並以某種方式發揮作用。祂創造並主宰宇宙萬物，不僅創造了自然界及其秩序，還創造了人類應當遵守的道德律法、倫理規範及與之相應的社會秩序，這些律法、規範與秩序不僅對猶太人適用，而且對每一個人、每一個民族都適用。祂是仁慈的、至公至聖的，祂看到一切、了解一切、審判一切。人類要敬畏上帝、熱愛上帝。

　　猶太教教義強調：猶太人是上帝雅赫威從萬民中揀選出來的一個特別的民族，是與祂訂立契約的特殊選民，因而被稱為「上帝揀選的子民」。這個契約代表了整個猶太民族對上帝的集體承諾，對每一個猶太人都具有約束力。這個契約就像日月星辰的運行一樣，永遠不能廢除。因為這個契約，上帝一直以慈父般的關懷照顧著祂揀選的子民，向他們顯露自

己的存在與意志，將其律法《妥拉》啟示給他們，將猶太人的使命同拯救全人類的任務不可分割地聯繫在一起。猶太人肩負上帝委託的特殊使命，要在全世界傳播上帝的旨意及律法，使人類通過他們了解、認識上帝並遵守其誠律。

　　猶太教教義稱：在上帝的安排下，當世界末日到來之際，公義和正義必將獲得勝利，各民族之間不再有紛爭，整個人類都將獲得和平，世間萬物都將和睦共存，一個完美的世界終將出現。

　　猶太教沒有單一的創建者，沒有制定神學決議的中央領袖或群體，因此猶太教在神學理論方面缺乏繁瑣的神學本體論論證。猶太教教義的依據是《塔納赫》（又稱《希伯來聖經》，基督教稱為《舊約聖經》）和《塔木德》。

　　英語中稱「猶太教」為"Judaism"，而在希伯來語中則沒有「猶太教」這個單獨的詞，只有「雅哈杜特」(Yahadut)一詞。這是一個抽象名詞，意為猶太人的一切，猶太屬性、猶太文明，亦可譯作猶太教。由此表明，猶太教包括猶太人的宗教與文明。對猶太人而言，猶太教不僅是一種表現為宗教典籍文獻、宗教觀點和宗教儀式的宗教信仰，也是一種體現社會體制、風情習俗的民族文化傳統，一種獨特的生活方式。猶太教還是一種倫理道德，規定猶太人的生活準則和行為規範；猶太教更是令人生畏的特殊誡律，隨時提醒著猶太人與上帝的聯繫。因此，要了解對當今世界政治、經濟、文化有廣泛影響的猶太人就必須了解猶太教。

第一章

猶太教的歷史

從你所在的地方，你舉目向東西南北觀看；

凡你所看見的一切地，

我都要賜給你和你的後裔，直到永遠。

我也要使你的後裔如同地上的塵沙那樣多，

人若能數算地上的塵沙才能數算你的後裔。

你起來，縱橫走遍這地，

因為我必把這地賜給你。

——〈創世記〉13:14–17

בראשית

1994年12月10日，以色列前總理西蒙·佩雷斯在諾貝爾和平獎頒獎儀式上深情地傾訴著：

猶太人的歷史給人類以啟迪和鼓舞。在過去近四千年裡，這個小小的民族傳遞著一個偉大的信息。最初，這個民族生活在自己的土地上，後來四處漂泊，流亡他鄉。這個小小的民族在逆境中拼搏，無數次遭到迫害、放逐和踐踏。這在任何一個民族的歷史中，從龐大的帝國至其殖民地和附庸國的歷史中都是絕無僅有的。他們在經歷漫長的悲劇和厄運的折磨之後重新站了起來，掙脫身上的枷鎖，將流落天涯的人民重新聚集在一起，踏上了吉凶難卜的民族發展之路。他們要重振民族特性，不遺餘力使該民族達到新的卓越的巔峰。猶太人給世人的啟示是：信仰與道德的理想是能戰勝一切逆境的。

歷史證實了猶太民族正是依靠自身的精神支柱猶太教——人類歷史上最古老的一神教——維繫、振奮著整個民族，使之屹立於世界民族之林。而猶太教自產生迄今已有三千多年的歷史，經歷了古代猶太教、拉比猶太教、中世紀猶太教、近現代和當代猶太教五個發展階段。

第一節 古 代

亞伯拉罕

猶太人的歷史開始於四千多年前的美索不達米亞平原（現在的土耳其、伊拉克一帶）。迄今為止的考古發掘已揭示出美索不達米亞地區曾是許多中東文明的搖籃與中心，曾有許多民族從這裡移居到中東各地。

約在西元前2000年，在美索不達米亞平原的幼發拉底河西岸有一座烏爾城（Ur, 也曾譯為「吾珥城」），當時此城歸信奉多神教的古巴比倫王國所轄。城中有一個早年從阿拉伯半島南部遷來的閃族游牧部落，即今日猶太民族的祖先。這個部落的族長他拉也率眾拜祭諸神，但敬奉最多的是其部落神雅赫威（YHWH），然而人們不敢直呼雅赫威的名字，一直稱祂為「阿杜乃」（意為「我的主」），時至今日猶太人依然使用這個名稱。

大約在西元前1960年烏爾城遭到蘇美人入侵，城市被夷為平地，他拉一家有幸逃離。他拉帶著自己的部落向南方逃去，他想把他們帶到能遠遠避開戰亂的迦南地區（巴勒斯坦古名），可惜剛逃到哈蘭渡口（在現在的土耳其）他就去世了，族長的職位自然落到其長子亞伯蘭身上。

亞伯蘭不拜諸神，只信仰一位神 —— 雅赫威。他認為雅

赫威不是一位從屬於自然的天神或地祇，而是天與地的創造者，是包容一切的、全能至大的上帝。他從自己的神祕體驗和內心感應中意識到他的部落之所以能逃離烏爾城的劫難是上帝的眷顧。他越來越堅信，自己被上帝特意保留下來，將成為一個能把上帝的意旨帶給全世界的新民族的開創者，而迦南正是他將完成上帝賦予其這一使命的土地。因為迦南南接西奈半島、埃及，北臨腓尼基、敍利亞，西靠地中海，東距兩河流域不遠，是古代世界貿易之路所必經的十字路口，可以將他的信仰傳向四方。迦南又是一片四面為群山環抱的谷地，在這裡可以安靜地敬拜上帝。

　　亞伯蘭率眾沿著肥沃富饒的新月地，向西南移動，來到耶路撒冷城北數十里的示劍 (Shechem, 今納布勒斯城附近)，雅赫威向他顯現，宣稱：「我要把這地賜給你的後裔。」(〈創世記〉12:7❶) 亞伯蘭一族最後定居在希伯崙，雅赫威再次向他宣稱：「從你所在的地方，你舉目向東西南北觀看；凡你所看見的一切地，我都要賜給你和你的後裔，直到永遠。我也要使你的後裔如同地上的塵沙那樣多，人若能數算地上的塵沙才能數算你的後裔。你起來，縱橫走遍這地，因為我必把這地賜給你。」(〈創世記〉13:14–17) 從此，在猶太人心中，迦南是上帝應許給他們的土地。原先居住在迦南的當地人稱來自幼發拉底河畔的亞伯蘭一族為希伯來人，希伯來的詞義

---

❶　〈創世記〉12:7表示〈創世記〉第12章第7節。本書之《聖經》原文均引自聯合聖經公會的和合本《聖經》。

為「另一方」，希伯來人指「從河的另一邊來的人」。

　　亞伯蘭活到99歲時，雅赫威對他說：「我與你立約：你要作多國的父。從此以後，你的名字不再叫亞伯蘭，要叫亞伯拉罕，因為我已立你作多國的父。」（〈創世記〉17:4–5）「我要與你並你世世代代的後裔堅立我的約，作永遠的約，是要作你和你後裔的神。」（〈創世記〉17:7）「你和你的後裔必世世代代遵守我的約。你們所有的男子都要受割禮；這就是我與你並你的後裔所立的約，是你們所當遵守的。你們都要受割禮；這是我與你們立約的證據。你們世世代代的男子，無論是家裡生的，是在你後裔之外用銀子從外人買的，生下來第八日，都要受割禮。你家裡生的和你用銀子買的，都必須受割禮。這樣，我的約就立在你們肉體上作永遠的約。但不受割禮的男子必從民中剪除，因他背了我的約。」（〈創世記〉17:9–14）此後，割禮的實施成為所有猶太男性的首要責任。在猶太人的歷史上，上帝雅赫威同亞伯拉罕所訂立的這個契約是非常重要的。它表明從此亞伯拉罕將成為一個被上帝揀選來為宇宙服務的新民族的創造者。強化這一契約的割禮儀式亦有兩重涵義：一是作為一個被上帝揀選民族的聖化標誌，二是加強了這個民族的宇宙因素。「亞伯拉罕」意為「多國之父」，它表明希伯來人終將超越本部落的界限，融入世界。這個契約成為自稱「契約民族」的猶太人特性的開端。

　　在迦南，亞伯拉罕帶領族人過著一種與他人很少來往的半游牧半農耕生活。亞伯拉罕有兩個兒子，長子以實瑪利為

女婢夏甲所生，後來成為阿拉伯民族的祖先。次子以撒是他妻子撒拉所生。亞伯拉罕無條件地忠實於上帝，為服從上帝的命令，甚至能拋開骨肉親情，要殺幼小的兒子以撒為上帝獻祭，後來上帝以替罪羊代替了以撒，這就是猶太教史上著名的「替罪羊故事」（參見〈創世記〉22:1–19）。亞伯拉罕175歲去世，葬在希伯崙的家族基地 —— 麥比拉洞（Cave of Machpelach）裡。

雅各

以撒繼承了亞伯拉罕的宗教信仰，全心全意地信仰上帝。他有一對孿生子：以掃和雅各。後來，雅各騙得了長子的名分和父親的祝福，成為希伯來部落領袖。以掃憤怒至極，雅各不得不逃到哈蘭的舅舅拉班那裡。雅各在那裡居住了二十年後，才返回迦南。在返回迦南的路上，雅各在夢中同一位天神摔跤，他用盡全身力氣死死地抱住天神不放。天神見他力大無比，就用手狠狠地捅了他的大腿筋，雅各才鬆開了手。天神對雅各說：「你的名不要再叫雅各，要叫以色列；因為你與神與人較力，都得了勝。」（參見〈創世記〉22:22–32），因此希伯來人又稱為「以色列人」。雅各的妻子與女婢，為他生了一個女兒 —— 底拿和十二個兒子：呂便、西緬、利未、猶大、以薩迦、西布倫、但、拿弗他利、迦得、亞設、約瑟和便雅憫。這十二個兒子後來繁衍成十二個部落，成為以色列人的十二支族。

　　雅各的家族在迦南一直保持其獨特性，拒絕與周圍異教部落同化。然而，由於雅各對其第十一子約瑟的偏愛，引起約瑟其他長兄的嫉妒，他們把約瑟賣給去埃及的過路人作奴隸。約瑟在埃及經歷了重重磨難，逐漸依靠自己的才智顯貴起來，成為法老的宰相（〈創世記〉45:8）。

摩西

　　西元前1730年，迦南遇到大旱災，許多人餓死。雅各只好率領族人逃到埃及，在約瑟的幫助下，在尼羅河附近的歌珊 (Goshem) 地區定居下來。他們在這裡平靜安寧地生活了四百年後，處境突然惡化，因為一位名叫拉美西斯二世的法老 (1317～1251BC) 把國都遷到尼羅河三角洲。這位法老一心想建立起一個強大的奴隸制帝國，認為希伯來人是東方人，在他向亞洲擴張時會成為內患；而且希伯來人的宗教一直同埃及人的拜物教格格不入，希伯來人口又增長很快，他擔心有朝一日希伯來人會消滅埃及人的宗教。於是法老下令將所有的希伯來人貶為終身苦役的奴隸，使其處境十分悲慘。可是希伯來人口依然有增無減，法老又下令，將希伯來人生下來的男嬰統統淹死，想以此滅絕希伯來人。恰在此時，希伯來人利未部落的一對夫婦生下了一個小男孩，他有幸被法老的女兒所救，收為養子，並為他取名「摩西」（意為「因我把他從水裡拉出來」）。

　　摩西在埃及皇宮中長大後，一日看到一個埃及監工兇狠

地鞭打一個希伯來奴隸。出於義憤，打死了這個埃及監工，被法老下令捉拿。摩西逃到米甸，娶米甸祭司葉忎羅（舍伊布）的女兒西坡拉為妻，在西奈曠野牧羊度日。一日，雅赫威在曠野中向他顯現，告訴他自己是「我是你父親的神，是亞伯拉罕的神，以撒的神，雅各的神」，又稱自己為「我是自有永有的」。雅赫威命令摩西到埃及去解救那些遭受欺辱、虐待與迫害的同胞，率領全族離開埃及，回到「應許之地」迦南定居生活。

於是摩西與其兄弟亞倫回到埃及，將雅赫威的旨意帶給被奴役的希伯來人。法老拒絕了摩西的要求，甘於命運的希伯來奴隸也不願意離開埃及。摩西在上帝的幫助下，同法老多次鬥法，最後上帝在埃及降下了第十個災難——在一夜之間殺掉所有埃及人和牲畜的頭生子，終於迫使法老同意讓所有的希伯來人離去。

西元前1300年前後，獲得自由的希伯來人在摩西的率領下離開埃及。法老聽說後，下令軍隊追擊。希伯來人來到紅海時，眼看要被法老軍隊追上。在上帝的幫助下，只見摩西將手中的木杖伸向海水，上帝刮起東風，使海水一夜退去，海水向兩邊分流，露出一條海底通道。希伯來人從容地走向對岸。當所有人上岸後，摩西又將木杖伸向大海，海水立刻奔騰咆哮起來，把法老的追兵全部淹死。希伯來人逃出埃及的一系列奇特的經歷對猶太民族精神生活的影響極深，使猶太人特別感激上帝雅赫威的眷顧。猶太人世世代代傳唱的「摩

西之歌」表達了他們從心底對上帝的讚美與稱頌。

　　我要向上主❷歌唱，因祂大大戰勝，

　　將馬和騎馬的投在海中。

　　上主是我的力量，我的詩歌，也成了我的拯救。

　　這是我的神，我要讚美祂，

　　是我父親的神，我要尊崇祂。

　　上主是戰士；

　　祂的名是上主。

　　……

　　上主啊，眾神之中，誰能像您？

　　誰能像您——至聖至榮，可頌可畏，施行奇事？

　　……

　　上主必作王，直到永永遠遠！（〈出埃及記〉15:1–18）

　　上帝在紅海摧毀了埃及軍隊的神蹟使希伯來人完全得救了。在猶太人歷史上，〈出埃及記〉構成了自由傳奇的最高象徵，人人都永遠不會忘記的故事，猶太人通過一年一度的逾越節歡宴來紀念它。

　　希伯來人隨摩西來到西奈曠野暫居下來，他們是一群難

---

❷　本書中的《聖經》段落一律採用和合本，但為與全書中上帝的名稱「雅赫威」保持一致，將原《聖經》段落中上帝的名稱「耶和華」一律改為「上主」。

以管理的烏合之眾。摩西聽從岳父的建議，將他們分成千人、百人、五十人、十人等人數不一的單位，又分別任命千夫長、百夫長等大小頭目，讓他們隨時處理各種大小官司。從此希伯來人的無組織狀態結束了。

一日，摩西丟下眾人，獨自登上西奈山，在山上禁食默修，一連四十晝夜。人們以為摩西在山上遭到不測，對雅赫威的信仰動搖了，紛紛拿出自己的金首飾，用它們鑄成一頭金牛犢，朝它下拜，祈求返回埃及。摩西下山後，見此情景，氣憤萬分，下令把金牛犢用火焚燒，磨得粉碎，撒在水上，讓眾人喝，又嚴懲了首要的叛逆者。由於摩西的懇求，阻止了上帝對眾人叛變行為的嚴懲。此後不久，摩西向眾人宣布上帝雅赫威在西奈山授予他的十條誡律，即著名的〈摩西十誡〉。

第一誡：我是上主——你的神，曾將你從埃及地為奴之家領出來。除了我以外，你不可有別的神。

第二誡：不可為自己雕刻偶像，也不可做什麼形象彷彿上天、下地，和地底下、水中的百物。不可跪拜那些像，也不可事奉它，因為我上主——你的神是忌邪的神。

第三誡：不可妄稱上主——你神的名。

第四誡：當記念安息日，守為聖日。六日要勞碌做你一切的工，但第七日是向上主——你神當守的安息日。

第五誡：當孝敬父母。

第六誡：不可殺人。

第七誡：不可姦淫。

第八誡：不可偷盜。

第九誡：不可作假見證陷害人。

第十誡：不可貪戀人的房屋；也不可貪戀人的妻子、僕婢、牛驢，並他一切所有的。

摩西將這十條誡律刻在兩塊石版上，讓希伯來人的十二支族都設立了祭壇，把羊血撒在眾人身上，以示他們同雅赫威立下了誓約，規定今後所有的希伯來人必須時時事事遵守這十條誡律。

〈摩西十誡〉強調了一神教信仰，明確了反對偶像崇拜，規定了人們應遵守的道德標準。〈摩西十誡〉是人類最早的宗教律法之一，對其後基督教和伊斯蘭教法律的形成有著很大的影響。宣布完〈十誡〉後，摩西又宣布了一系列律法條例，及有關宗教節日、禮儀、祭司制度的規定，為猶太人一神教信仰的深入發展奠定了基礎。

西元前1237年，摩西在巴勒斯坦的尼波山（奈布山）去世。希伯來人為之哀哭了整整三十天。摩西是猶太民族歷史上的一位劃時代的偉大政治領袖，他曾與上帝「面對面」的交流。他成功地把希伯來人帶出了埃及，使之獲得自由，避免了種族滅絕的危險，他將一群原本鬆散、沒有組織的烏合之眾鑄造成一個堅韌不拔的民族。摩西也是一位睿智的先知、軍事領袖、行政長官和立法者，但是他一生最大的悲劇是被禁止進入應許之地——迦南。

　　希伯來人在西奈曠野流浪的四十年期間裡，猶太教進入更高級的形態。雅赫威成為佑護希伯來人的獨一無二的神，祂的形象和威力都升高了：祂是嚴厲的、高高在上的神，凌駕於自然界之上，不受人類好惡和自然變化的制約；祂是自然力的創造者，自身並不受循環往復的自然規律束縛；祂的意志不是在自然界中，而是在不斷前進的人類歷史中實現；祂的名稱「我是自有永有」表明祂是任何定義都不可能概括的、無所不在的神。然而，雅赫威要幫助自己揀選的子民，並懷著慈愛與憐憫之心拯救他們。在這一期間，還形成了以利未部落為主體的猶太祭司階層。

　　除了兩個被派到迦南的探子之外，所有生為埃及奴隸的希伯來人無一進入應許之地。他們在西奈曠野流浪了整整四十年，直到全部死去。這是由於他們缺乏對上帝的信心而遭到的嚴懲。摩西去世後，在西奈曠野新生的一代希伯來人在摩西繼承人約書亞的領導下，進入迦南。他們同當地的迦南人進行了多次戰鬥，奪取了他們的土地，定居下來。約書亞在希伯來各部落中進行了土地分配，在迦南建立了鬆散的部落聯盟。

希伯來統一王國（掃羅、大衛、所羅門）

　　約書亞死後，希伯來人進入混亂分裂的「士師時代」。每個部落由一名士師領導，他既是部落的行政領袖、宗教祭司，又是民事糾紛的裁決人、對外征戰的統帥，集軍、政、教、

法權於一身。希伯來人受這些士師統治約二百年，但沒有一位士師可以稱為全體希伯來人的領袖，因為當時的希伯來人尚未聯合成一個統一體，諸部落各自為政、你爭我奪、戰事連綿不斷。但在士師時代末期，在一些部落間已出現宗教聯盟。他們選擇示羅 (Shiloh) 為共同的宗教中心，雅赫威的約櫃就保存在這裡，他們在這裡向上帝祈禱，歡慶節日，以象徵上帝與他們同在。

在西元前12世紀，來自小亞細亞沿海的非利士人開始加快侵入迦南內地的速度(巴勒斯坦因此得名)。面對這一威脅，依靠巨人參孫只能略加阻擋，與希伯來勇士同在的約櫃也不能有所幫助，只有選出一位國王，一位能使所有部落聽命於他的國王才能克敵制勝。賢明的大士師撒母耳是當時擁有絕對影響的人物，起初他並不同意選定國王，然而，最終還是根據民意，決定建立一個希伯來統一王國，並選中掃羅為王。掃羅成為猶太民族史上的第一位國王(1025～1013BC在位)，從此開始了猶太人歷史上的統一王國時期。掃羅學識淺薄，缺乏從政、治國的經驗，在位時政治上並無多大建樹，卻擅長軍事，在他的統帥下，王國的疆土不斷擴展，掃羅自己卻戰死在疆場。

掃羅之後，猶大部落的大衛繼承王位 (1013～973BC在位)。大衛是一個來自猶地亞山區的牧人，他還是一個孩子時，就因在一次交鋒中打敗非利士人勇士歌利亞而聞名，此後又以勇敢無畏越來越為民心所向。他率領以色列各部落戰勝了

迦南西部、地中海沿岸的非利士人和敘利亞、約旦河以東各族。大衛不僅是一位久經沙場的軍事統帥，還是一位具有遠見卓識的政治家。為鞏固國家的統一、維護自己的統治，他把國都定在地勢險要的耶布斯城，將城名改為耶路撒冷（意為「和平之城」）。大衛還努力繼承摩西的傳統，使其新國都具有必不可少的宗教意義。他以隆重的儀式將雅赫威的約櫃迎入耶路撒冷，並為之設計了一座莊嚴華麗的聖殿。他還寫出了許多詩篇，讚美、稱頌雅赫威。

　　大衛去世後，其愛子所羅門繼承了王位（約973～933BC在位）。希伯來統一王國國勢日益強盛、版圖不斷擴大，成為西亞的一個強大的君主專制帝國，也是這個地區最和平、富庶的國家。所羅門開發了巴勒斯坦作為非洲與亞洲之間通道的商業潛力，加強了國內各地的行政聯繫。所羅門領導了一場「清教運動」，使以色列人對雅赫威的崇拜熱忱空前。隨後他用了整整七年時間，在耶路撒冷的聖殿山上為雅赫威建造了一座金碧輝煌的全國性大神殿，即聞名於世的耶路撒冷第一聖殿。聖殿落成後，所羅門親自主持了隆重的安放神聖約櫃儀式。聖殿的落成使所羅門聲威大震，四方鄰國來此朝聖者絡繹不絕。猶太人有了這樣一座宏偉壯麗的聖殿作為崇拜的中心，使雅赫威的形象與威力大大昇華，成為猶太人獨一無二的民族神。耶路撒冷由此成為國家的宗教中心。

　　所羅門王統治後期，國內開始出現分歧。眾多外國嬪妃帶入各種異教習俗，導致社會風氣敗壞，所羅門徵收的沉重

賦稅使人民日益陷入貧困。南方埃及、北方亞述兩國虎視眈眈，國家危在旦夕。

西元前933年，所羅門王去世，希伯來統一王國分裂成北方的以色列王國和南方的猶大王國（猶太人因此得名）。以色列王國包括十個以色列支族的土地，國都設在撒馬利亞，有過十九位國王，王國延續二百多年。猶大王國則包括南方的猶大和便雅憫兩個支族的土地，定都耶路撒冷，由大衛王的後裔十九位國王依次統治了三百多年。西元前722年，以色列王國被入侵的亞述人所滅，國人被擄至兩河流域，從此以色列十個支族在歷史上消失了。而地域雖小的猶大王國依賴著王朝的傳統、堅定的宗教信仰、靈活的外交手段，倖免於難。在約西亞王統治時，他利用亞述人已處於劣勢之機，在國內進行了重要的宗教改革，把在聖殿發現的〈摩西律法〉再次宣布為有效律法，強調了作為「上帝選民」的以色列人的天職。

西元前588年，新巴比倫王尼布甲尼撒二世率軍攻入猶大王國，圍困耶路撒冷十八個月之後，攻陷此城，夷平了城牆，劫掠、焚毀了所羅門聖殿，昔日繁榮的耶路撒冷變成一片廢墟，成千上萬名猶大王國的王室成員、祭司、貴族、工匠被俘擄到巴比倫。史稱這一歷史事件為「巴比倫之囚」。

在以色列與猶大王國獨立存在時期，阿摩司、何西阿、以賽亞、彌迦、耶利米等一批先知相繼出現，他們以上帝雅赫威代言人的名義，宣揚猶太教教義及其倫理道德，這場先

知運動深深地影響了猶太教的整個歷史。

「巴比倫之囚」

　　「巴比倫之囚」在猶太人歷史上占據著特殊的地位。著名猶太學者阿巴·埃班在他的《猶太史》中寫道：「許多民族即便暫時為異族統治，在自己的國土上依然會保持民族獨立性。但是，沒有哪一個民族能夠在幾千年的流亡中如此頑強地維護自己民族和宗教的特性，從中汲取力量並重新站起來。散居異鄉仍能忠於自己民族的非凡力量是猶太民族所獨具的。這正是猶太民族無與倫比之處。……在巴比倫流亡地，以色列人或者更確切地說，現在的猶太民族，就已經有了代表自己世界觀和生活方式的『猶太教』。」❸

　　「巴比倫之囚」在猶太教歷史上具有深遠的影響。在巴比倫，猶太教步入了更高級的階段，首先是「上帝觀念」的突破。被俘的猶太人來到當時代表著燦爛東方文化的世界文明中心——巴比倫，眼界大開，他們原有的地域觀念和聖殿中心論被大大削弱了。上帝雅赫威已不再僅僅是他們的民族神，而上升到宇宙神，天地間惟一最高的神。先知書〈以賽亞書〉42:5中稱：雅赫威「創造諸天，鋪張穹蒼，將地和地所出的一併鋪開，賜氣息給地上的眾人，又賜靈性給行在其上之人」。這段話被看作是猶太教宇宙一神論的開端。其次，

---

❸　參見阿巴·埃班著，閻瑞松譯，《猶太史》，中國社會科學出版社，1992年版，頁61。

猶太教一神論的觀念更為強化。對於「巴比倫之囚」，先知們解釋：猶太人被擄至異邦，並不是因為異邦之神戰勝了猶太人的上帝，而是猶太人自身犯罪，背叛上帝雅赫威另拜他神所應受的懲罰。只有向雅赫威認罪祈求，才能重返故國。由此，猶太人的民族宗教意識特別是一神論觀念愈益加深。再次，出現了彌賽亞（救世主）觀念。在巴比倫的猶太人身為奴隸，處境悲慘，他們渴望著有一天大衛王的後裔中出現一位彌賽亞，幫助他們擺脫苦難，復興故國，將耶路撒冷重新賜給以色列的子孫，並重建聖殿。

以斯拉宣讀《妥拉》

西元前538年波斯帝國滅掉新巴比倫。新的統治者居魯士大帝釋放了五萬多名猶太人回到故土。波斯王朝認為猶太教的一神論思想符合該帝國鞏固其統治的政治需要，採取了扶植、復興猶太教政策。在一年內，猶太人重新恢復了獻祭活動。西元前520年，猶太教律法師以斯拉奉大流士大帝御旨，領十八萬猶太人從巴比倫回到耶路撒冷。大流士大帝下令重建耶路撒冷，重修猶太教聖殿。西元前516年，這座七十年前被毀的所羅門聖殿終於修造完成，儘管其規模遠不如從前，依然標誌著猶太教的再度振興。在波斯王朝大臣——猶太人尼希米的幫助下，以斯拉在一次全體人民出席的集會上，向猶太人宣讀律法書，從而為猶太人確立了一部神聖的經典，這在猶太教發展史上具有重大意義。以斯拉宣讀的律法書，

猶太人稱為《妥拉》(即：律法)，是《塔納赫》的前五卷，
包括〈創世記〉、〈出埃及記〉、〈利未記〉、〈民數記〉和〈申
命記〉。猶太人傳說這五卷書是上帝通過摩西宣布的律法，因
此它們也被稱為《摩西五經》。自以斯拉宣讀律法書後，猶太
教又有了新的發展。過去猶太教以耶路撒冷聖殿為中心，祭
司們圍繞聖殿，組織宗教活動，主持宗教儀式。以斯拉宣讀
《妥拉》後，《妥拉》取得了崇高的神聖地位，於是逐漸興起
了一個以巴比倫文士（律法師們）為主體的新猶太教祭司階
層，他們向教徒們誦讀並講解《妥拉》和《先知書》等聖書，
主持安息日和宗教節日的禮拜儀式，逐漸成為掌握宗教大權
並享有政治、經濟特權的貴族集團，成為巴勒斯坦猶太人的
實際統治者。

在波斯人統治期間，猶太人還受到波斯國教——祆教的
影響，從中吸收了有關「來世」和「天國」等宗教觀念。

自「巴比倫之囚」到波斯統治時期的數百年裡，一批猶
太祭司和文士收集古代猶太教的歷史典籍和律法文獻，加以
整理、編纂，分別編成上述的《律法書》、《先知書》和《聖
錄》，基本完成了希伯來文《塔納赫》的三大組成部分，標誌
著猶太教經典的最終形成。

亞歷山大里亞

西元前330年，波斯帝國被馬其頓所滅。西元前332年希
臘馬其頓王亞歷山大率軍攻入耶路撒冷，繁華的耶路撒冷再

度被洗劫一空，城內大部分建築被燒成灰燼，猶太人處於希
臘人統治之下。西元前323年亞歷山大去世，其手下二將托勒
密 (Ptolemy) 和塞琉古 (Seleucus) 先後在埃及、敘利亞等地建
起兩個希臘化王國。西元前301年托勒密率軍征服巴勒斯坦，
把上萬的猶太人擄到亞歷山大里亞 (Alexandria)，從此該城成
為猶太教文士們的活動中心。在這裡，這些文士接受了希臘
斯多噶派哲學思想，創造了具有濃郁東方色彩的猶太希臘哲
學，其傑出的代表者是猶太大神學家斐洛 (Philo, 30BC～AD
54)。他出生於亞歷山大里亞顯貴家庭，精通希臘哲學、歷史、
詩歌，同時虔信猶太教。他堅信人類的全部哲學思想起源於
啟示上帝意志的《妥拉》，在他看來，《妥拉》是智慧的別稱。
他認為真正的哲學家必須首先掌握外國文化的思想，然後才
能研究上帝律法中更深的哲學涵義。他以希臘思想闡述猶太
教經典，以斯多噶派哲學隱喻法喻經，力圖將猶太教哲學、
柏拉圖和斯多噶派的哲學融合在一起。

　　在這一時期，亞歷山大里亞還發生過一件在世界宗教史
上非常重要的事情。在西元前3至前2世紀，城中的七十二位
猶太教學者應托勒密王朝統治者之請，把希伯來文的《塔納
赫》譯成希臘文。這部《聖經》被後人稱為《七十子希臘文
本聖經》(Septuagint)。

哈斯蒙尼王朝

　　西元前198年，敘利亞的塞琉古王朝打敗了托勒密王朝，

統治了巴勒斯坦。塞琉古王朝禁止推行猶太人文化和宗教信仰，試圖將希臘文化與風俗強加給猶太人。到安提奧楚斯四世（即：安條克四世，Antiochus IV Epiphanes, 175～163BC在位）時，更強行推廣希臘化政策，殘酷地鎮壓猶太人。他下令在耶路撒冷建起一個體育場，以它取代聖殿，以對人體的崇拜代替對上帝的崇拜。這還不夠，他又採取更嚴厲的措施來消滅猶太教。他將耶路撒冷聖殿改名為奧林匹克宙斯殿，廢除《妥拉》、焚燒《妥拉》經卷，殘殺為其子施行割禮的家庭，將遵行安息日者以犯大罪處罰。他用武力強迫猶太人崇拜諸神和吃豬肉等禁食，任命不是祭司後裔的美內勞斯（Menelaus）為大祭司。

安提奧楚斯四世的種種暴行激起以哈斯蒙尼（Hasmoneans）家族領導的猶太人起義（又稱「馬卡比（Maccabees）起義」，因為起義領袖之一猶大（Judah）的外號是「馬卡比」，意為「錘子」）。哈斯蒙尼家族最終取得了勝利，在巴勒斯坦建立起猶太教神權政體的哈斯蒙尼王朝（Hasmoneans Dynasty, 142～63BC）。它恢復了耶路撒冷聖殿的宗教儀式，使猶太教得到短暫的復興。

此時猶太教徒中出現了兩個對立的教派：撒都該人和法利賽人，他們的對立表現在社會地位與律法觀點上的不同。撒都該人代表祭司和貴族上層，負責管理聖殿財寶，把全部熱情集中在聖殿的獻祭禮儀上；他們主張忠實地應用見諸於文字的猶太律法，認為口傳律法無意義。法利賽人（意為「分

裂者」) 則由社會中層的猶太教文士組成，是受大眾歡迎的派別。他們篤信成文律法及後來發展的口傳律法，強調學習場地的重要性，否認知識為祭司們的特權，他們比撒都該人更認真地了解《塔納赫》中深遠的意義，發展了「身體復活、靈魂不朽」等新教義。這時還出現另一個派別艾賽尼人，他們在世界觀和實踐上都是與世隔絕的。

羅馬統治

西元前63年，羅馬帝國大將龐貝 (Pompey the Great, 106～48BC) 率軍攻陷耶路撒冷，屠殺了成萬的猶太人，將大批猶太俘虜押往羅馬，從此羅馬人開始了在巴勒斯坦持續近四百年 (63BC～AD313) 的統治。西元前40年，羅馬皇帝馬庫斯·安東尼 (Marcus Antony, 43～32BC) 廢黜哈斯蒙尼王朝的統治者，任命伊都美人希律 (Herod the Great, 73～4BC) 為國王。此時，儘管猶大王國名義上是個國家，但實際上已成為一個羅馬省分。在此時期，猶太人上繳的稅收繁多，除房捐、地稅、鹽稅、人口稅之外，甚至所飲的水都要上稅。據統計，稅收占國家全年總收入的40%。人民生活相當困苦。

希律王的長期統治展現了兩個鮮明的特點。一方面，他做了許多嚴肅的試探，以求得到猶太人的支持。為了使他的統治合法化，他與哈斯蒙尼家族的一位公主瑪麗亞姆結婚。為了使他的統治贏得民心，他小心翼翼地不去蔑視猶太教傳統律法與習俗。另一方面，他把這個國家帶入一個不同尋常

的和平與輝煌時期。他的外交技巧擴大了他的統轄地域，他的商業才能增加了他的財富，他對建造宏大建築物的激情使凱撒里亞 (Caesarea) 這樣美麗的城市出現。更為引人注目的是他對耶路撒冷聖殿進行了一次奢侈的改建，使這座聖殿成為當時地中海地區的奇蹟之一。但是權能並不是能令人崇拜的祕訣。希律王從來沒有贏得猶太人尤其是猶太聖哲們的心，後者一直把他視為一個篡位者、一個暴君。猶太人最憎恨他把羅馬人當成太上皇，而希律王的每一個成就都有賴於此。羅馬軍團就駐紮在耶路撒冷，羅馬人代替了猶太教公會，在耶路撒冷聖殿入口處上方,高懸著一隻羅馬之鷹。西元前4年，希律王去世的當年，一場轟轟烈烈的起義爆發了，羅馬人的反應是迅速、野蠻、強硬的；此後，猶太人表面的獨立消失了，開始直接面臨殘酷的羅馬代理人的統治，被迫交納極為沉重的苛捐雜稅。當羅馬代理人管理不當時，騷動不安成為地方特色，猶大王國以在所有羅馬省分中最易起火而聞名。西元66年一場猶太大起義爆發，猶太人的抵抗在提多·威斯巴薌 (Titus Flavius Vespasianua, 簡稱提多，79～81在位) 率領的強大羅馬軍隊面前崩潰了。西元70年羅馬統帥提多率軍血腥鎮壓了猶太人的大起義，在阿布月9日（參見本書第九章第二節之「阿布月9日」）攻陷了耶路撒冷，燒毀了波斯大帝幫助重建、後又經希律王重新設計擴建的第二聖殿，屠殺了無數的猶太人，將聖殿的裝飾物作為戰利品帶回羅馬。

西元132年,因為羅馬帝國要在耶路撒冷城的廢墟上建立

一座羅馬城市,觸怒了猶太教公會。猶太人在民族英雄西蒙·
巴爾·科赫巴 (Bar Kochba) 的領導下，舉行了在巴勒斯坦的
最後一次大起義，起義持續三年，獲得前所未有的勝利。但
是起義招來羅馬人瘋狂的報復，羅馬暴君哈德良 (Publius
Aelius Hadrianus, 76～138) 血洗巴勒斯坦，在伯沙城大肆屠
殺起義者，徹底摧毀了耶路撒冷城，按羅馬習俗，用一對公
牛將此城犁為平地，並將城名更改為埃利亞·卡皮托利納
(Aelia Capitolina)，禁止猶太人入城。猶太人從此失去了祖國，
開始了近二千年的世界性大流散歷史。

第二節　拉比時期

拉比們

　　拉比時期從西元70年猶太人國破家亡，耶路撒冷第二聖
殿被毀時起到西元630年阿拉伯人興起時為止。這一時期猶太
人主要聚居在巴勒斯坦、巴比倫等地。從前耶路撒冷聖殿不
僅是猶太人進行宗教活動的場所，更是神權與世俗王權相結
合的中心地。而此時，聖殿被毀，耶路撒冷已化為一片焦土，
每個猶太人心靈都留下了深深的創傷。此時，附屬於聖殿的
撒都該人已失去作用，法利賽人成為權威之士，他們個人的
人格和淵博的學識已經贏得了人們的尊重。為了使猶太人在
國破之後仍能有一致的宗教信仰，永遠保持本民族的特性，

法利賽人努力為猶太教尋找新的出路，創造出適應新形勢的活動方式。他們先在雅烏內❹（亦稱「雅夫尼」，Yavneh），後又在太巴列 (Tiberias) 建立起猶太經學院（耶希瓦），使之行使原耶路撒冷猶太教公會的職能。接著在迦百農、科拉濟、巴拉姆、加姆拉等地建造起壯麗的猶太教會堂，使之成為各地猶太社區的中心。這些作為猶太人精神領袖的法利賽人被稱為「拉比」（希伯來文，意為「師傅」）。他們主張應加緊研習律法，深化律法的詮釋。為維護民族的統一，他們創造了一種能約束所有人的猶太曆法，並提倡兩種習俗：一是要所有猶太人記住聖殿被毀後發生的全部事件的日期，二是全世界的猶太人必須交納什一稅。拉比們還提出一個虔誠的猶太人必須會講希伯來語，在猶太教會堂祈禱時要用希伯來語。

猶太教公會與納西

在耶路撒冷陷落之前，一位傑出的法利賽學者約翰南·本·扎凱 (Johanan Ben Zakkai, 1BC) 曾千方百計地從城中逃出來，羅馬人允許他在沿海城市雅烏內定居，他在那裡開設了一個猶太經學院，教人們研習宗教傳統知識。在耶路撒冷陷落後，雅烏內成為猶太教公會所在地，這一機構最終獲得受羅馬當局監督與管轄的半官方政治地位，其會長——納西 (Nasi) 被承認為與羅馬當局打交道的猶太人代表，負責重組猶太人的生活，拉班·迦馬列 (Laban Gamaliel) 家族擔任了

❹　當今的以色列雷哈沃德市。

數代納西。這些納西成功地組建起一個他們自己領導的次政
權。後來，他們的活動中心轉移到加利利，他們維持著根據
猶太律法處理訴訟案件的猶太法庭，開辦了解釋、說明《妥
拉》的學經堂。這個變化既是一種形式上的變化也是一種本
質上的變化。此時，學者們已對猶太事務具有支配性影響，
「博學勝過財富」成為猶太教公會會員身分的首要資格。納
西周圍的拉比群體由此建立了一種對其後許多世紀都具有影
響的個人魅力。隨著歲月的流逝，納西的地位與影響逐漸衰
弱了。在西元425年迦馬列六世去世時，由於沒有男性子嗣繼
任，納西的職位被徹底廢除了。

《塔木德》完成

　　拉比時期猶太教最主要的發展是口傳律法集《塔木德》
的完成。西元172～217年猶大·哈-納西 (Judah ha-Nasi，約
138～217。曾被誤譯為「猶大親王」，亦稱「聖者拉比猶大」)
掌管烏沙猶太教公會。此時，在猶太人中除《妥拉》之外，
猶太教的「口傳法規」已相傳數世紀了。「口傳法規」是結合
《妥拉》中的誡律告訴那些想在各方面都符合《妥拉》精神
與規則的猶太人，面對各種實際情況該做什麼，不該做什麼，
實際上是對成文《妥拉》的注釋。在猶大·哈-納西的主持下，
拉比們收集了早期一百五十多位學者遺留的十三部「口傳法
規」文集，用二十多年時間對之分類、補充、整理，大約在
西元200～210年，猶太教口傳律法法典《密什那》全部用希

伯來文寫成。後來巴比倫的學者發現《密什那》的許多解釋只涉及巴勒斯坦傳統，沒有結合巴比倫的實際情況，還完全忽略了補充的宗教律法《哈拉霍特》，便著手整理了這些補充材料，加以詮釋，終於在西元5世紀末編成一部阿拉米文（古代敘利亞與巴勒斯坦等地通用的閃族系語言）的口傳律法釋義彙編《革馬拉》。《革馬拉》與《密什那》合在一起組成二百五十萬字的《塔木德》。它涉及猶太人在人際關係和遵守猶太教禮儀時的宗教義務，實際上包括了人類行為的所有方面：出生與婚姻、歡樂與悲哀、農業與商業、倫理與神學。對猶太教徒來說，《塔納赫》是永恆的聖書，《塔木德》是猶太教徒生活中實用的經書。作為一部關於猶太人精神和宗教創造力的記述，《塔木德》還是一部傳世的文學著作，它再現了巴勒斯坦和巴比倫的猶太人一千多年來的生活。它以《塔納赫·箴言》為開篇，講述了許多神話、故事、詩歌、寓言、謎語、道德反省和歷史回憶。《塔木德》中一直採用既闡明真理，又指出錯誤的辯證方法從正反兩個方面來討論律法問題。這種辯證的思維方式傳統從此存留在猶太人的生活中。

　　然而在這一時期，猶太教也受到其他宗教的影響。在一些猶太教文獻中出現了描述魂遊天庭景象的內容。在巴比倫出現了一部罕見的著作，名為《創世之書》。這部著作認為超自然的力量起源於希伯來文字母的形式、音值、位置和數字。它是猶太教神祕哲學最重要的開篇作，為人們思考傳統信仰及信仰問題提供了深邃的源泉。

高昂

　　在第二聖殿還矗立在耶路撒冷的六個世紀裡，一群顯要的「巴比倫之囚」後裔依然選擇留居在巴比倫。猶大王國亡國之後，又有大批猶太人移居巴比倫。這些猶太人在巴比倫享有一定的自治權，有自己的政治領袖（稱為「流民長官」）。在巴勒斯坦猶太經學院衰落之後，學者們從巴勒斯坦流向巴比倫，這些學者中最傑出的是阿巴‧阿瑞哈（Abba' Arikha,約155～247）❺，他以「拉夫」（Rav）著稱。西元219年，他在蘇拉（Sura）建立起一個猶太經學院。他的同事撒母耳在內哈迪亞（Nehardea）建立了一個類似的機構，後被在蓬貝迪塔（Pumbedita）的猶太經學院取代。這些猶太經學院成為當時整個猶太世界的宗教權威機構。蘇拉和蓬貝迪塔兩個猶太經學院的院長享有一種幾乎等同於巴比倫猶太流亡者領袖的地位，被稱為「高昂」。甚至在以後猶太人更廣泛的流散時期，「高昂」也是人們對這類學者所起的名字。他們在處理有關宗教律法和一般事務中擁有絕對權威。他們的言論不亞於《塔木德》的闡釋，為整個猶太世界所接受。他們利用成文的答問和直接的口頭指示指導各地猶太人社團的道德與社會行為。

───────────
❺　阿巴‧阿瑞哈，巴比倫猶太教律法學者，阿巴‧巴‧阿伊伍（Abba' ba Ayyvu）的尊稱（字義即「拉比」）。

第三節　中世紀

在穆斯林統治下

　　中世紀自西元630年至17世紀中葉，猶太人雖有過好時光，但總的來說處境非常艱難。西元622年，穆罕默德在阿拉伯半島創立了伊斯蘭教。西元636年，阿拉伯人征服了巴勒斯坦和其他西亞地區，建立了阿拉伯帝國。西元前712年穆斯林統治地域從印度邊界延伸到比利牛斯山脈，這對猶太人的經濟和社會結構產生了極其深遠的影響。穆斯林的重商輕農思想不斷吸引猶太人走出村莊，到城市就業。於是，在穆斯林城市裡多樣化的猶太經濟和社會結構基礎被奠定了。在穆斯林統治下，根據〈奧瑪爾信約〉（西元637年制定），猶太人要交納特殊的人頭稅和土地稅才能受到統治者的「保護」，使自己的生命、財產和宗教自由得到保障。他們還受到各種各樣的限制，如發現他們辱罵先知，會受到極其嚴厲的懲罰。但是他們至少可以根據這個「被保護人」的權利，生存並奉行自己的宗教。許多事實說明，穆斯林統治的土地曾拯救過許多逃離險境的猶太人。

薩阿迪亞

　　西元8世紀初，巴比倫猶太教公會與猶太經學院將《巴比

倫塔木德》推廣到各地猶太人社團中，使之具有共同律法傳統與生活方式，這激起一些猶太人的反對。西元761年，巴比倫人阿南·本·大衛 (Anan Ben David, 活動於8世紀) 創立了卡拉派 (Karism, 參見本書第五章第二節之「卡拉派」)。此派只承認《塔納赫》的權威，主張猶太人在上帝的直接啟示下棄惡行善，他們拘泥陳規，穿黑衣，飲食清淡。卡拉派的觀點一直未能被人駁倒，直到薩阿迪亞 (Sa'adyah Ben Yosef, 882～942)❻——一位偉大的高昂，根據卡拉派自己的理由向他們挑戰。在猶太歷史上，這位學者第一次把猶太教傳統系統地置於一種理性而不是一種純粹隨心所欲的基礎上，但是薩阿迪亞的新學術並沒有為巴比倫猶太人所延續，西元10、11世紀巴比倫猶太人社團因社會政治狀況的不利而開始衰落。

摩西·邁蒙尼德

　　拉比正統派受到卡拉派的挑戰，不能再故步自封。同時隨著阿拉伯帝國的分裂，拉比猶太教的權威也趨於沒落。適應於新時代特點的猶太教理性主義脫穎而出，其傑出的代表是被譽為「摩西第二」的摩西·邁蒙尼德 (Moses Maimonides, 1135～1204)。邁蒙尼德出生在西班牙，是著名醫學家，曾作過薩拉丁及其王族的御醫。他也是開羅的首席拉比，威望極

---

❻　薩阿迪亞，中世紀偉大的猶太哲學家、神學家。生於埃及法雍，年輕時即熟悉阿拉伯哲學，後移居巴比倫，任蘇拉猶太經學院院長，成為當時的拉比領袖，被推崇為中世紀猶太教神學之父。

高。地中海地區的猶太社團經常向他請教有關律法、倫理和宗教等方面的問題。為了使當時處於基督教和伊斯蘭教影響下的猶太人堅定自己的宗教信仰，他寫了一部包羅萬象的哲學著作《迷途指津》，系統地梳理了猶太教的全部律法資料，提出一種完全理性的猶太教哲學，為猶太教的門外漢提供了一部內容豐富又易懂的好書。他還把猶太教教義歸納為〈十三信條〉，為後世的猶太教徒廣為接受。這〈十三信條〉條款是：

1. 創造主創造一切並管理一切。

2. 創造主乃獨一無二真神。

3. 創造主無形無體無相。

4. 創造主是最先的，也是最後的。

5. 創造主是獨一值得敬拜之主，此外別無可拜之物。

6. 先知一切話語皆真實無誤。

7. 摩西是最大的先知，其預言是真實的。

8. 猶太律法是摩西所傳，不能更改。

9. 律法永不改變，也不會被取代。

10. 創造主洞察人的一切思想行為。

11. 創造主向遵守律法的人賜予獎賞，向踐踏律法的人施予懲罰。

12. 彌賽亞必將來臨，要每日盼望，永不懈怠。

13. 相信死後復活。

邁蒙尼德還提出：每個猶太人，不論年輕還是年老，強

健還是羸弱，都必須鑽研《妥拉》，甚至一個靠施捨度日、不得不沿街乞討的叫花子，一個要養家糊口的人也必須擠出一段時間來日夜鑽研。這一要求使猶太民族成為一個幾乎全民皆有文化的民族。

邁蒙尼德的思想和著作加強了猶太教的一神觀、契約觀、先知觀、彌賽亞觀、來世與死後復活觀及律法意識，把猶太教神學思想發展到新的高峰，給予猶太教以新的生命力，贏得了猶太人的無限尊重。

西班牙「黃金時代」

古代西班牙，在西哥特人❼的統治下，猶太人社團（Sephardim, 塞法爾迪人）一直忍受著狂熱的基督教會的迫害與橫徵暴斂。但是自西元711年穆斯林軍隊征服西班牙之後，猶太人被允許進入社會生活的各行各業。在科爾多瓦 (Cordoba) 和托萊多 (Toledo) 的猶太人社團以商業成功聞名。許多猶太人成為醫學、哲學、星象學專家，一些人如：哈西德·伊本·沙普魯特（Hisdai ibn Shaprut, 10世紀）甚至成為哈里發顧問。11世紀許多傑出的猶太人物出現，如：撒母耳·哈·納濟德 (Samuel ha Najid)，既是軍隊司令，又是國家宰相 (Vizier)，還是一位偉大的希伯來語詩人、著名的《塔木德》學者和哲學家。這些傑出的猶太人組成了星光燦爛的猶太學

❼　西哥特人，指西元4世紀入侵羅馬帝國並在法國和西班牙建立王國的條頓族人。

者銀河系。因此，在猶太人歷史上，穆斯林統治的西班牙時期的重要性不僅限於政治方面，還在於它顯現了一個猶太文學與思想的黃金時代。中世紀的西班牙猶太人同當時阿拉伯思想與藝術的復興完全融合在一起。在時代精神的鼓舞下，猶太人寫出了許多偉大的希伯來文學、詩歌、哲學之作。西班牙猶太人作為一個群體，在文化上充滿活力，發展了自己的社會與宗教建制、禮儀、崇拜方式，並創造出猶太西班牙語——拉第諾語 (Ladino Language)，其影響一直延續至今。

在萊茵河地區

在西元10、11世紀，萊茵河地區的諸猶太人社團豐富了猶太文化。在這裡，猶太人在許多學校裡聚精會神地學習《塔木德》。在美因茨 (Mains) 地區出現了偉大的學者格爾紹姆・本・猶大 (Gershom Ben Judah, 960～1028)❽，他因學識淵博而被稱為「流散者之光」。在沃姆斯 (Worms)地區出現了偉大的拉什 (Rashi, 1040～1105, 原名所羅門・本・伊薩克, Rabbi Solomon Ben Issac) ❾，他寫的《塔納赫》與《塔木德》評論

---

❽ 格爾紹姆・本・猶大，中世紀歐洲猶太社團拉比權威，著名猶太學者。生於法國梅斯，後主要居住在德國的美因茨，並在此創建了自己的猶太經學院。他針對中世紀歐洲猶太人社會所面臨的問題，提出並參與制定了一系列影響深遠的法規，以規範猶太人的社會生活準則；其中最重要的是他為維護猶太家庭的穩定，制定了禁止猶太人重婚和廢除猶太男子任意休妻權的法規。為此，被譽為「流散者之光」。
❾ 拉什，生於法國特魯瓦，中世紀著名的《塔納赫》和《塔木德》評注家。

集影響了一代又一代的猶太學者。

十字軍迫害

西元11世紀末，巴勒斯坦等西亞地區的大多數猶太人因經濟生活、宗教信仰、法律地位和社會活動受到穆斯林統治者的種種限制，離開故土，移居到歐洲。

此時歐洲正處於十字軍發展初期，猶太人受到前所未有的殘酷迫害。1095年〈十字軍宣言〉發布當年，西歐的猶太人不是被搶掠、謀殺，就是被迫改宗基督教或逃亡。1179年，基督教會在第三屆拉特蘭會議 (Lateran Council) 上作出禁止基督教徒與猶太人交往的規定。1215年，第四屆拉特蘭會議上又頒布了許多敵視猶太人的法令，並規定猶太人必須穿特別的外衣，佩帶特別的徽章。自此，猶太人成為受難深重的犧牲者，聚居區經常遭洗劫，居民被集體屠殺，猶太群體被週期性地驅逐出歐洲各國。隨著十字軍東征的進展，基督教會越來越不能容忍猶太人的存在。13世紀，猶太人因被誣陷「殺害基督教兒童，用他們的血獻祭」而受到控告（血的誹謗，Blood Libel）。1348年在黑死病流行期間，歐洲三分之一的人口死於這場瘟疫，猶太人被誣陷朝水井裡扔毒藥。14世紀，猶太人被人們想像為自願加入基督教會，以玷污主人，這種對猶太人的憎惡一代又一代地傳下來。

面對著種種磨難，猶太人只有在自己的信仰與傳統中找到安慰與力量。一方面，他們認可了現實強加在他們頭上的

殉教，稱之為「吉杜什・哈・沙姆」（Kiddush ha Shem, 意為
「聖化名字」），這已成為最偉大的美德。另一方面，猶太人
的生活變得更加內向，猶太人社團內的領導權日益向拉比轉
移。梅厄・本・巴魯赫（Me'ir Ben Baruch, 1220～1293, 亦以
馬哈拉姆"Morenu ha-Rav Me'ir"的首字母縮略語"Maharam"
知名）❿等著名猶太學者為社區的猶太人提供了多方面的幫
助，給予他們信心和引導。同時許多猶太人社區建立了自己
的法律機構，他們不時與其他猶太人社團的代表組成更大的
宗教會議機構，來協調當地事宜。法國北部和德國的猶太人
（希伯來文稱之為「阿什肯那齊人」，Ashkenazim）發展了自
己獨特的社會與宗教建制、禮儀，甚至語言（Yiddish, 意第緒
語），形成了一種與塞法爾迪人相當不同的文化模式。

西班牙驅猶

　　基督教會重新統治西班牙後，於14世紀初，掀起了迫害
猶太人運動。結果，猶太人不是被迫改宗就是被處以死刑，
或者被剝奪一切公民權和經濟權。在這樣的環境下，成批猶
太人接受了基督教的洗禮，個別猶太人因此確保了他們能繼
續在西班牙處於上層地位，這些「新基督教徒」成為新信仰
的忠實擁護者。但是大多數猶太人雖然被迫表示信仰基督教，
卻依然祕密地奉行祖先的宗教——猶太教，在歷史上，他們
被稱為「馬蘭內」（Marrano, 意為「豬」）。西班牙基督教會為

❿　梅厄・本・巴魯赫，德國猶太教律法學者。

了清除「馬蘭內」，建立了宗教裁判所，對他們進行公開宣判，從鞭撻直到活活燒死，共有四十萬猶太人受審，三萬人被處以極刑。1492年斐迪南國王為了建立一個真正的天主教王國，決定將全部猶太人驅逐出西班牙。在中世紀，西班牙對猶太人的迫害，規模最大、最為殘酷，由它而起的反猶浪潮幾乎席捲了整個歐洲。西班牙的猶太難民逃到巴勒斯坦、北非、義大利、荷蘭和土耳其，在那裡儘管受到或多或少的限制與零星迫害，但仍然能沿續其父輩的政治和學術傳統。

喀巴拉

　　日益加劇的迫害使一些猶太人表現出越來越渴求脫離現實的欲望，在觀察宇宙的神祕中尋求安慰。猶太教神祕主義自12世紀下半葉在西班牙、法國、德國等地迅速發展起來，形成喀巴拉（Kabbalah, 意為「傳授之教義」）神祕主義教派。喀巴拉派的代表作是13世紀流行於西班牙的《佐哈爾》(*Sefer Ha Zohar*, 意為「光輝」) 一書。傳說係西元2世紀反羅馬的拉比西緬‧巴‧約海（Simeon Bar Yohai, 2世紀）**⑪**受上帝「啟示」所寫，現代學者們認為實係摩西‧德‧里昂 (Moses Ben Shen-Tob de Leon, 1205～1305) 的著作。它以注釋《妥拉》、〈雅歌〉、〈路德記〉、〈耶利米哀歌〉的形式，全面揭示了其中的神祕意義。它闡述說：上帝不是直接創造世上萬物，而是以其十個流溢層，造成世上萬物。猶太教徒自身是上帝安

---

⑪　　西緬‧巴‧約海，猶太教著名四大拉比之一，猶太學者、第四代坦拿。

排的宇宙中心，應與不潔的俗世隔絕。猶太人雖然在地上受
迫害、遭仇視，但終將在天上獲得勝利。書中還有星象學、
天使魔鬼、魂遊象外等描述，及對猶太教禮儀習俗神祕涵義
的詮釋。它形式上為《妥拉》等的注釋，實際上是全面闡述
了喀巴拉派的思想。《佐哈爾》一書使猶太教神祕哲學有了更
為深入的發展，被看作是喀巴拉派的奠基作，在以後的數百
年裡一直被猶太教神祕術大師及其追隨者當作暗語和符咒的
真正寶庫及完善的通神學傑作。

　　西元15世紀末，猶太人幾乎全部被從歐洲驅趕出去，只
有德國和義大利尚存少數人。1516年起歐洲的猶太人被限制
住在格托區 (Getto)——猶太人生活隔離區內，從此成為社會
主流之外的一個特殊的、被剝奪了公民權利的階層。在格托
區，《塔木德》成為指導居民生活的法典，猶太教會堂及其附
屬學校是格托區生活的中心，各級基礎教育是猶太生活的象
徵。人們按照《塔木德》的規定處理自己的事務，並努力用
它來調節自己同周圍新環境的各種關係。與此同時，與外界
隔離也成為猶太人自衛的基本措施，他們與非猶太人之間的
鴻溝日益加深，雙方間的社會聯繫和思想交流也愈發困難了。

　　受盡磨難的猶太人開始試圖通過嚴格肯定拉比的律法求
得安慰。著名的猶太學者約瑟夫·本·卡羅拉比 (Joseph Ben
Ephraim Caro, 1488～1575)⑫在薩法德把殘存的猶太教口傳
律法法規編成禮儀和律法大法典，取名為《舒爾漢·阿路赫》

⑫　約瑟夫·本·卡羅，16世紀著名猶太法典編纂家、猶太神學家。

(*Shulan Aruch,* 意為「擺好的餐桌」)。這是一部有關宗教實踐與法理學集成典籍，一直是標準的猶太教法律權威之作。這部法典共四卷，綱目詳細，包括道德生活的一切準則和後來逐漸補充進去的注釋。它簡明易懂、形象生動，被猶太人視為一把可以打開上帝意志寶庫的鑰匙。

波蘭–立陶宛地區的猶太人

　　西歐對猶太人的迫害與驅逐不斷增加，使得成千上萬的阿什肯那齊人東移到波蘭–立陶宛地區。這個地區是位於伏爾加河與黑海之間的富有重要戰略意義之地，在10世紀被斯拉夫人毀滅之前，一直為一個猶太貴族階層所控制。後來波蘭–立陶宛地區的國王因為需要依靠猶太人的金融實力與經商能力來發展當地的貿易與工業，歡迎來自西歐的猶太難民。他們給這些猶太難民各方面的支持，如：允許他們在整個國度裡，不受限制地居住，允許他們發揮經營企業的才幹。

　　波蘭–立陶宛地區也是猶太人的模範自治地區。這一時期，大批有自己獨特生活方式的猶太城鎮興起，到了俄國沙皇統治時期，這些城鎮已達到小城 (Shtetl) 的規模。在西歐，猶太人的格托區星星散散地分布著，猶太人被基督教會強逼著住到裡面，目的是要把猶太人封閉在裡面。而在波蘭–立陶宛地區，格托區已成為一種有用的生活區域，為排除異己的影響，猶太人助長了格托區的建制。在這裡，意第緒語不僅成為主要的交談語言，而且成為書面語言。在這裡，生活的

本質已基本成為猶太式的，因為居民是猶太人自己。猶太教會堂和學校是最主要的、第一位的，宗教團結意識充滿整個社區，社區的管理機構是全能的。1551年，波蘭的猶太人被允許選舉自己的首席拉比和法官，他們在有關猶太人律法的許多事務方面執法。在同一世紀裡，四個波蘭-立陶宛地區各自獨立的猶太人社團選出一個聯合管理機構，稱之為「土地管理委員會」，由許多重要社區的代表組成。它通常一年開兩次會，處理法律與行政事務。這個委員會分派租稅、推行皇家敕令、進行賞罰處置，裁斷社團間和個人間的爭執。在它的庇護下，波蘭-立陶宛地區猶太人在一個個國家裡組成了名義上的國中之國。

　　波蘭-立陶宛地區的猶太人比世界各地猶太人都更強調普及教育。波蘭猶太經學院學生的人數與素質，甚至超過了以前德國猶太學生的標準。在拉比文獻方面，他們寫出了許多第一流的著作，並發展了一種學習《塔木德》的新方法。立陶宛北部的維爾紐斯 (Vilnius) 城成為猶太教學術中心，被稱為「立陶宛的耶路撒冷」。當時的人文主義興起、馬丁・路德的宗教改革運動和17世紀開始的自然科學革命對這裡的猶太人幾無影響，他們依然保持著中世紀的傳統慣例，恪守猶太教律法與習俗。

假彌賽亞

　　但是波蘭猶太人的榮耀是暫時的。16～17世紀，歐洲各

國對猶太人的迫害加劇。1648年烏克蘭哥薩克在波戈丹·赫爾尼亞夫斯基 (Bogdom Cherniavsky) 率領下，舉行了反抗波蘭統治者的起義，屠殺了十萬多名深受皇家恩寵的猶太人，洗劫了三百多個猶太城鎮。這場災難使猶太人心靈在流血，他們把這場深重的災難當作「彌賽亞（救世主）降臨之前的陣痛」，因為猶太人一直堅信：「彌賽亞不是在未來而是在今世會來拯救上帝的選民，並創立一個真正和平的『黃金時代』」。現實猶如地獄，這個篤信猶太教的民族忍受著巨大的悲痛，真誠地渴望著彌賽亞的到來。於是在巴比倫、土耳其、法國、西班牙的猶太人社團中屢次出現了所謂的「彌賽亞」，影響最大的是一個叫沙巴泰·澤維 (Shabbetai Zevi, 1626～1676) 的人。1666年9月，世界各地的許多猶太人變賣所有家產，準備同這位彌賽亞一道回到故土巴勒斯坦時，沙巴泰·澤維被帶到奧斯曼帝國蘇丹面前，蘇丹向他宣布：要嘛改宗伊斯蘭教，要嘛以叛教罪就地處死。沙巴泰·澤維選擇了前者，彌賽亞的幻象一下子破滅了。

第四節　近現代

摩西·門德爾松

17世紀初，西歐思想界在近代科學影響下，對古代傳統權威、中世紀哲學思想提出質疑。18世紀，受歐洲工業革命

的衝擊，以英、法為中心的思想啟蒙運動在歐洲興起，提倡思想、經濟、政治自由和人道主義。在其影響下，猶太教的思想啟蒙運動──哈斯卡拉 (Haskala, 希伯來文「智慧」、「啟蒙」之意) 運動應運而生，從德國向東歐傳播，推動這一運動者被稱為「馬斯基爾」(Maskil, 意為「祈禱先鋒者」)。

　　他們是熟悉希伯來文化的知識分子，致力於使猶太教世俗化，進行適應時代和環境的改革，使猶太教徒得到歐洲資本主義的「啟蒙」，從而使猶太教能夠在新的條件下得到維持和發展；使猶太人脫離宗教文化的孤立狀態，積極投身於社會變革的大潮之中。這一運動的先驅者是被稱為「摩西第三」的德國猶太人摩西・門德爾松 (Moses Mendelssohn, 1729～1786)。門德爾松的父親是普魯士猶太人社團中的一名文士和教師。儘管家境貧寒，門德爾松卻從小好學，終於成為著名的猶太神學家。他一生從事猶太教哲學與神學研究，著作甚豐，代表作是《耶路撒冷──論宗教威力和猶太人》。他和邁蒙尼德一樣，也強調理性主義。他的理性主義是把猶太教建立在資本主義世俗世界的基礎上。他強調猶太教的一切信條必須得到「理性」的解釋，否則不予接受；猶太教是合乎理智和人道的宗教，但必須抵制格托教育那種令人窒息的影響，加強猶太世界對外部非猶太世界的認識。他把《塔納赫》譯成德文，為猶太人接受歐洲語言、進入現代世界奠定了基礎，這是他對猶太教啟蒙運動劃時代的貢獻。

哈西迪運動

幾乎與哈斯卡拉運動同時，東歐波蘭猶太人中出現虔敬派的哈西迪運動 (Hasidism)，創立者是以色列·巴爾·謝姆·托夫 (Israel Baal Shem Tov, 1700～1760)。自從沙巴泰·澤維假扮彌賽亞的幻影破滅之後，猶太人中出現了信仰危機。為恢復人們對上帝拯救的信仰，哈西迪教派提出：任何人無論多麼貧寒、多麼無知，都可以同上帝靈交；上帝是可敬可畏的，也是令人安心的；上帝將會在人們的喜悅與歡樂中得到最好的服務。這種自信、樂觀、注重情感的宗教觀使沮喪的猶太人看到希望，他們以空前的熱情投入其中。哈西迪派強調情感，貶低枯燥無味的經典研讀。他們認為宗教的本質不在於禮儀和律法。禮儀本身不能構成宗教，儘管它有約束力。宗教意味著同上帝建立活的聯繫，最好的方法就是祈禱。祈禱不是履行義務而是發自內心的願望，應以歡樂喜悅的心情全心全意地表達出來，入迷是最佳狀態。因此哈西迪教徒常常在禮拜活動中或祈禱時大聲喊叫、縱情歌舞，到19世紀初，東歐半數以上的猶太人投入其中。

哈西迪運動激起了當時最偉大的猶太學者──維爾納·高昂·以利亞 (Elijah the Gaon of Vilna, 1720～1797) 的堅決反對。將哈西迪運動參與者革出教會的布告一度曾使東歐的猶太人分裂為兩個對立的派別：哈西迪派及其反對派──米特納濟德派 (Mitnaggedim)。然而，哈西迪運動不僅發展成一

個教派，其思想還對猶太教產生了一種持久的影響。有些哈西迪教派的「來比」是第一批聲稱猶太人負有在聖地定居義務的宗教領袖。其他留居東歐者，極大地鼓舞著那裡的猶太教生活，他們的傳統迄今依然在以色列和美國延續著。

反猶主義浪潮

　　1791年9月27日法國大革命爆發後，法國國民大會最終賦予法國猶太人以國家公民的權利。繼此之後，西歐各國的大多數猶太人也獲得法律和政治上的全面解放。而在東歐，尤其在俄國沙皇的統治下（1772、1793、1795年波蘭三次被分割，大部分猶太人的居留地被劃入俄國境內），猶太人處境更為艱難。18世紀80～90年代歐洲再度掀起反猶主義浪潮，其中兩個事件使猶太人的政治思想發生了突變。一是「德雷福斯案件」，1894年12月法國猶太人上尉阿爾弗萊德•德雷福斯（Alfred Dryfus, 1859～1935）被誣向德國人出售軍事機密一案引起社會轟動。在〈人權宣言〉發表一百周年後的法蘭西共和國再次掀起反猶浪潮。這使那些原希望歐洲社會毫無保留地承認他們為公民的猶太人困惑不解，焦慮不安，最終導致猶太人強烈的自我認同要求，猶太民族主義與復國主義運動由此產生。二是1881年起沙皇俄國的滅猶運動，19世紀絕大多數俄國猶太人被迫居住在受嚴格控制的「佩爾居住區」（Pale of Settlement），受到政府的歧視與大眾的仇恨。俄國政府規定：所有猶太男孩子，從12歲起必須被徵入俄國軍隊，

服役二十五年，這一規定全然不顧猶太人村社中人們的生活和生命的延續。俄國猶太人過著一種絕對貧困和遭蹂躪、受壓抑的生活。只有少數人是富人，他們是從事大宗貿易的商人、銀行家和鐵路承包商。1881年，在一個謠言到處傳播之後，人們認為猶太人對暗殺沙皇亞歷山大二世負有責任，在烏克蘭境內開始對猶太人大屠殺，繼而延續到華沙和巴爾塔(Balta)。俄國當局沒有尋找真正的罪犯，而是懲罰了犧牲者，大規模滅猶運動開始。19世紀末，歐洲的猶太人開始成百萬地移居美洲和南非等地，也有少數俄國猶太人遷回巴勒斯坦。

美國猶太人

1880年，由於美國對勞動力極度缺乏與沙皇俄國滅猶，移居美國的猶太移民人數大幅度地增加。1881～1914年期間，有二百五十多萬東歐猶太人橫渡大西洋，來到美國。他們主要在美國東部各州定居，特別是在紐約，紐約已成為美國猶太人最大的聚居地，其次為芝加哥、舊金山和加拿大的多倫多、蒙特利爾。在美國，形形色色的正統派猶太教會堂和教育機構成為人們司空見慣的景色，意第緒語成為猶太人交談的口語和書面語。儘管1924年美國限制移民的法律著重強調了猶太人的移民潮，但是到1937年，世界上已有25%的猶太人居住在美國，到1945年，世界上50%的猶太人居住在美國。此時，第二代猶太人已獲得巨大成就。這些人中絕大多數是在美國出生的，因第二次世界大戰時在美國軍隊中服役而加

快了同化的進程。他們進入了工業、藝術、企業和其他各行各業，幾乎遍及美國社會的各個角落。然而美國猶太人並沒有完全沉浸在自己的成功之中，他們依然想到世界其他地區的猶太人社團，美國猶太人已成為猶太學術活動的主要贊助者和猶太人事業的有力支持者。

猶太復國主義運動

在法國，在對德雷福斯案件的觀察者中有一位來自維也納的猶太記者西奧多・赫茨爾 (Theodor Herzl, 1860～1904)。儘管他自己具有幾乎完全被同化的背景，但當他看到巴黎的反猶主義後，深信：猶太人的惟一出路是創建一個自己的、獨立的祖國，否則，將永遠難逃無法根除的厄運。赫茨爾的號召馬上得到呼應。在他獨具魅力的領導下，猶太復國主義運動在廣大猶太人民中擁有了眾多的擁護者。

事實上，巴勒斯坦與猶太人的聯繫從來沒有完全被割斷。在羅馬人征服猶地亞以後，流散世界各地的猶太人一直保留著重返那裡的希望。這希望不斷地回響在他們的祈禱、讚美詩、禮儀和對耶路撒冷的定期朝聖中，漸漸地這些情感開始付諸於實踐的表達。

1881年俄國屠殺猶太人之後，回歸巴勒斯坦的想法在俄國的佩爾區越來越人心所向；於是，一些民族主義協會和運動在東歐形成，其中最重要的有「比盧運動」(Bilu) 和「熱愛錫安山運動」(Hovevei Zion)❸。這些群體發起了一場移民巴

勒斯坦運動，被稱為第一次阿里亞（Aliyah, 希伯來語音譯，意為「上升」）運動。到19世紀末，他們已在這片土地上建立起幾個農業定居點，但在經濟上一直沒有獲得成功。1904年之後，巴勒斯坦出現了第二次阿里亞運動和一場值得注意的希伯來語與文學復興浪潮。

隨著第一次世界大戰的結束，土耳其人被打敗了，奧斯曼帝國崩潰了，巴勒斯坦被國際上委託由英國代管。1917年經一位為英國服務的化學家、猶太復國主義運動者哈依姆·魏茲曼 (Chaim Weizman, 1874～1952) 的多方努力，猶太復國主義運動得到英國政府的支持。1917年11月2日英國戰時內閣通過外交大臣貝爾福爵士 (Lord Balfour) 致函羅斯柴爾德勳爵 (Sir Edmond de Rothschild, 1845～1934) 的形式發表了關於英國在巴勒斯坦的政策宣言，名為〈貝爾福宣言〉(Balfour

---

❸　「比盧」是《聖經》的一句話，「雅各家啊，來吧！我們在上主的光明中行走。」的縮寫詞。1882～1903年，大約二萬五千名東歐猶太人來到巴勒斯坦，自稱屬於一個名為「比盧」的組織。他們主要定居在城市、鄉村，一部分人回到土地上，建立小的定居點或在猶太人巴黎聯盟所建立的農業學校工作。他們是第一批阿里亞，第一次移民的定居。後來由於生活過於艱難，他們的絕大多數人離開了巴勒斯坦，回到歐洲，轉赴美洲。留下來的人的社會主義原則逐漸轉變與資本主義相結合。大約在同時，俄國的一批猶太人在哈科夫市組織了一個團體，這個團體叫「錫安山熱愛者」。在俄國和波蘭的其他城市，也組織了類似的團體。從1882～1903年，約有二至三萬猶太人從東歐移居到巴勒斯坦，但由於當地悲慘的生活條件和疾病的折磨，一些人回到俄國和波蘭，其他一些人到美國、加拿大。

Declaration)，表示贊同猶太人「在巴勒斯坦建立一個猶太人民的民族之家」的目標。這封信原文如下：

　　尊敬的羅斯柴爾德勳爵：

　　我愉快地代表英王陛下政府將下述對猶太復國主義者的志向表示同情的宣言轉交給您，這個宣言業已送交內閣並為內閣所批准：

　　「英王陛下政府贊成在巴勒斯坦建立一個猶太人的民族家園，並將盡最大努力促其實現，但必須明白理解，絕不應使巴勒斯坦現有非猶太團體的公民權利和宗教權利或其他任何國家內的猶太人所享有的權利和政治地位受到損害。」

　　如果您能把這個宣言通知猶太復國主義聯盟，我向您表示感謝。

　　順致崇高的敬意

阿瑟・詹姆斯・貝爾福

　　〈貝爾福宣言〉的發表是猶太復國主義運動史所獲得的具有決定性意義的外交勝利，也是猶太復國主義運動走向目標的真正轉折點。宣言發表後立即得到了包括美國在內的協約國主要國家的贊成。在第一次世界大戰結束後舉行的巴黎和會上，其基本原則又被包含在國際聯盟通過的授予英國治理巴勒斯坦地區權力的委任統治條款中。委任狀承認猶太人

民與巴勒斯坦的歷史聯繫，指示委任國鼓勵猶太人移居巴勒斯坦，並在那裡密集居住，規定希伯來語與阿拉伯語和英語一樣是官方語言。同時，還允許猶太人進行自治管理，伊休夫 (Yishuv)❹作為猶太人機構，對內處理猶太人自身事務，對外代表猶太人在經濟、社會等事務上，與英國託管當局合作並提出建設性建議。和會之後，猶太復國主義運動中心開始移至巴勒斯坦。從此，猶太人的民族獨立不再是一種理想或純粹的幻想，它在政治生活中變成了現實，散居世界各地的猶太人欣喜若狂。到第二次世界大戰前夕，一個猶太人的國家在巴勒斯坦已初現輪廓。

第五節　當　代

大屠殺

　　根據〈貝爾福宣言〉，猶太人開始向巴勒斯坦大批移民。但此舉遭到巴勒斯坦阿拉伯人強烈反對，他們以叛亂和罷工，向英國施加壓力，要求限制猶太人移民。英國政府害怕進一步冒犯阿拉伯人，於1939年發表了一份白皮書，其中提出在今後五年，每年只限移入一萬五千名猶太人，這個限制恰恰出現在歐洲猶太人正絕望地尋求逃避納粹大屠殺之時。

---

❹　伊休夫，以色列建國前的巴勒斯坦猶太社團，也是猶太人的「民族之家」。

1933年，阿道夫‧希特勒奪取了德國政權，他宣揚亞利安人是超等種族，而其他民族特別是閃族（猶太人）是劣等民族。德國很快成為一個反閃族主義國家，猶太人在德國的權利被一點點、一點點地剝奪。1935年紐倫堡法律將猶太人貶為二等公民，他們不能參加大選、不能有辦事處、不能從事大多數行業工作、不能同非猶太人結婚。

1938年11月9日，一場全國性的屠猶運動掀起，猶太人的企業被劫掠、猶太教會堂被搗毀、猶太人被拐進集中營。猶太人千方百計地想逃離德國這個魔窟，可是美國的移民法阻礙了大批猶太人進入美國，而巴勒斯坦由於1939年白皮書之故，也對猶太人關了門。1939年，當希特勒軍隊開始向東歐挺進時，在波蘭、匈牙利、捷克斯洛伐克的成百萬猶太人落入他們的手中。格托區被恢復了，德國突擊隊員在安息日與其他猶太教節日闖入猶太人家中大肆劫掠，剪斷他們依照傳統梳理的頭髮、燒毀他們的祈禱披巾，以酷刑折磨他們，並在猶太教會堂中吊死無數的猶太人，後又發布命令，要求所有猶太人必須佩帶一個黃星符號和黃色袖章。但是，如何徹底根除幾百萬身陷歐洲的猶太人呢？希特勒的第一個決議是將所有納粹占領國裡的猶太人轉移到東部的集中勞動營。成千上萬的猶太人被拐進運送牲畜的貨車，運到東歐，在那裡被強迫勞動，直至死亡。為此，儘管德國正處於艱苦戰爭的危險年代，納粹依然動用了幾千人的力量、珍貴的鐵路資源、巨大的運貨容積、昂貴的科技工程、國家研究發展部門科學

家的許多心力、龐大的官僚組織及所有的自動武器倉庫和軍火庫，來完成一個完全沒有任何軍事或經濟意義的，而只是基於某種偏執心理因素的滅絕政策。

1941年底，納粹的最後決議 (The Final Solution) 下達了：所有的猶太人都要從生理上被消滅。許多根除方法被試用，最後採納的是一種最便宜、最有效的方法——用一種叫做齊克隆B的化學混合劑。它是一種暴露於空氣時就會化為致命毒氣的氰化藥物，是極端野蠻殘酷的殲滅手段。納粹將猶太人驅趕到集中營的毒氣室，使之窒息。然後剝掉這些屍體上所有有價值的東西，包括金牙、頭髮、皮膚、骨頭，甚至肉脂肪都被納粹徹底利用了，餘下沒有用的屍體被放在特殊的爐子裡焚燒盡。所有這一切的直接結果是在納粹統治期間，六百萬活生生的人類僅僅因為他們是猶太人而被滅絕。歐洲猶太人幾乎停止存在，全世界三分之一的猶太人被殺害。然而，即使面臨死亡，許多猶太人依然堅信著上帝，沒有感到絲毫的孤獨，他們用意第緒語深情地唱出祈求拯救的的肺腑心聲：

　　　仰望那神聖的天堂，
　　　俯瞰那美麗的田園，
　　　人不能被他人恥笑，
　　　民族不能被人歧視。

只要不間斷地懇求，

上帝會幫助我們保護「以色列」，

激動的眼淚已經流出，

「以色列」的大聲呼喚已能聽到。

……⑮

　　1940年代末紐倫堡的審判把這一窮凶極惡的罪行公布於眾，全世界為之震驚與恐怖。大屠殺也對猶太教神學產生了持久的影響。一位猶太神學家理查·魯賓斯坦 (Richard Rubebstein)⑯在其書中寫道：「在納粹時代之前，無論何時存在著對猶太人的嚴重威脅，無論它有多麼嚴重，上帝都多少回應了其子民的哭喊。而在奧斯威辛和其他集中營裡，當絕處無生的猶太人被驅向焚屍爐時，他們開始吟誦猶太教經文，高聲頌揚自己的民族文化，然而上帝似乎沒有回應他們的祈禱。……我說，我們生活在『上帝已死』的時代，我的意思是：聯繫著神與人、天與地的線斷了。我們站在一個冷酷、寂靜、無情的宇宙之中。除我們自己的才智外，再沒有任何目的的力量可以來相助。在發生奧斯威辛集中營的罪行之後，一個猶太人對於上帝還能說些別的什麼呢?」

---

⑮　姜天明、翟立明著，《600萬猶太人之死》，遼寧古籍出版社，頁158–162。

⑯　理查·魯賓斯坦，當代世界著名猶太教神學家，主要著作有：《奧斯威辛之後：激進哲學與當代猶太教》(1966)、《宗教想像》(1968)。

以色列國成立

　　空前的大屠殺增強了全世界猶太人的團結，使他們更清楚地認識到對一個猶太民族家園的絕對需求。猶太復國主義運動不僅得到越來越多的猶太人的支持，而且得到越來越多的其他國家人民和政府的同情，在全世界形成了一種有利於猶太復國主義運動的國際興論氣氛，這對於許多世界領袖產生了很大的影響。與此同時，猶太復國主義運動者為了安置十萬納粹暴行的倖存者，與英國託管當局和阿拉伯人的緊張關係很快達到了高峰。處於進退維谷的英國政府再也無法應付這一局面，英國宣布他們打算結束對巴勒斯坦的監管，於1947年4月將這一問題提交聯合國處理。

　　1947年11月29日聯合國大會第二屆全體大會以三分之二的多數投票通過了「關於巴勒斯坦將來治理問題的決議」，決定在巴勒斯坦建立兩個獨立的國家：一個是面積1.1萬平方公里的阿拉伯國家，另一個是面積1.4萬平方公里的猶太國家。聯合國第一次以世界組織的名義宣布承認猶太民族有建立自己國家的合法權利。1948年5月14日根據聯合國1947年11月的決議，大衛‧本-古里安 (David Ben-Gurion, 1866～1973) 在特拉維夫宣告以色列國成立，一個以猶太人為主權民族的現代以色列國成立了。

當代神學

在20世紀末期，猶太教的一個主要任務是繼續譯解大屠殺。以往，猶太教徒一直尋求通過歷史來理解上帝。他們借助《塔納赫》尋求理解離開埃及的經歷，依靠大流散時期的著作試圖瞭解巴比倫的流放，通過《密什那》和《塔木德》尋求重新解釋聖殿被毀後猶太人的生活，《喀巴拉》文獻是猶太人對15世紀他們被逐出歐洲的反應。當代猶太教最大的悲劇是納粹對六百萬猶太人的大屠殺。對猶太人來說，這一悲劇意味著「上帝已死了嗎？或祂已背棄了他們？或他們正因某些罪行受到懲罰？」它意味著「所有基督教國家真的對猶太人充滿敵意和殘忍？」這些問題被今日猶太思想家一問再問。

對大屠殺的主要反應是猶太國家的發展。儘管世界其他地區可能只把以色列視為一個國家，但對猶太人來說，其意義至為深遠。以色列為那些需要逃離世界各地所受壓迫的猶太人提供了避難地。在經歷近二千年的流亡之後，以色列被視為所有猶太人夢寐以求的一個故鄉。它被許多猶太人看作幾乎完成了上帝派遣彌賽亞的作用，因此以色列的和平、安全、完好對現代猶太教來說是關心的焦點。任何人如不能理解這一點，就不能理解當代猶太教。

以色列已成為一個猶太人世界的精神中心。猶太教機構定期派遣使者到世界各地的猶太人居住地區，在那裡開辦希伯來語和猶太文化課程學習班，為延續猶太傳統而努力。不

僅以色列是猶太人的生活中心，美國猶太人在發展猶太文化
傳統中，在拓展猶太文學、歷史、藝術等方面，也作出許多
貢獻。猶太人作為一個社會群體，對美國國家政治和經濟生
活也產生了不可低估的影響。

　　今日猶太教徒也一直探求在異教徒占統治地位的社會裡
猶太教的作用問題，它涉及一個猶太人是否應該大致上向社
會價值觀妥協，是否應該堅持僅在歷史上發現的猶太教價值
觀。有關妥協問題中辯論最多的是同非猶太人通婚的問題。
這些辯論使人們尤其是現代猶太青年對復興哈西迪教派的猶
太教形式產生濃厚的興趣。

　　當今全世界約有一千七百三十六萬猶太人，其中美國六
百餘萬（美國猶太社團已成為世界上最強大和最重要的猶太
社團）、以色列約四百五十萬、歐洲近三百萬，其餘分布在世
界各地。世界上最大的猶太人聚居地是紐約，有近二百萬人。
原居歐洲（除南歐外）的猶太人被稱為阿什肯那齊人**⓱**，南
歐和巴爾幹半島的猶太人被稱為塞法爾迪人，北非、中東和
其他地區的猶太人被稱為東方猶太人。

⓱　阿什肯那齊人，德系猶太人，現占世界猶太人的80%以上。源自希伯
　　來文「北方人」。原指萊茵河流域的猶太人，後包括德國、法國北部、
　　北歐、波蘭、立陶宛、俄國等地的猶太人。在希伯來語口音、禮拜禱
　　詞、律法傳統和宗教禮儀上與塞法爾迪人有所不同。在20世紀前，廣
　　泛使用意第緒語。

第二章

◆

猶太教的本質

猶太教的本質是「一神論」。
猶太教的首要原則是
絕對信仰宇宙只有一位而且是惟一的上帝——
雅赫威存在，祂是獨一的。
宇宙中不存在任何其他的上帝，
也從未有人可以被奉為神聖。
猶太教徒因而反對崇拜偶像，反對崇拜多神教，
堅持崇拜和奉祀惟一的、至高無上的上帝。

בראשית

第一節　教　義

猶太教的基本教義包括一神觀、契約觀、先知觀、末世觀、彌賽亞（救世主）觀、來世與死後復活觀及律法意識、倫理意識八個方面。此節主要介紹前六個基本教義，律法與倫理意識將以單獨章節介紹。

一神觀

上帝是獨一的

猶太教的本質是「一神論」。猶太教的首要原則是絕對信仰宇宙只有一位而且是惟一的上帝 —— 雅赫威存在，祂是獨一的。宇宙中不存在任何其他的上帝，也從未有人可以被奉為神聖。猶太教徒因而反對崇拜偶像，反對崇拜多神教，堅持崇拜和奉祀惟一的、至高無上的上帝。

上帝是超在的

上帝是無形的，看不見、摸不著，是不可比擬、無法描繪、甚至不能直呼其名的上帝，是一位超越人們想像力的上帝。祂超越於世界秩序之上，同時又深深捲入世界秩序之中。

上帝是全能的

無所不在、無所不知、無所不能。

上帝是永恆的

上帝是超越一切、永恆存在的，不受任何物質形式、存

在和表現的約束。上帝存在於所有的歷史事件中，不斷以永恆的活力干預其發展，賦予其新的生命力，使之永無停止地向前進。祂亦在歷史事件中行動並彰顯自己。

上帝是造物主

上帝創造並主宰宇宙萬物。《塔納赫》第一句開宗明義地宣布了猶太教信仰的主要原則之一：「起初，神創造天地」，即上帝是所有生物的最初起源，祂把世界帶入存在，使之從天地未出現之前的混沌世界成為有秩序的，走向完美的世界。

上帝是至公至聖的

上帝是世界與人類的創造者。祂不僅創造了自然界及其秩序，還創造了人類應當遵守的道德律法、倫理規範以及與之相應的社會秩序。祂制定的一系列道德律法、倫理規範及社會秩序不僅對猶太人適用，而且對每一個人、每一個民族都適用。人類只有恪守這些律法、規範和秩序，才能為上帝所接納。

上帝是仁慈的

猶太教認為：上帝與人之間存在一種親密的個人聯繫。上帝創造了這個世界，以一位父親給予其兒子般的仁愛關懷，注視著每個人，指引著人們日常的生活與行動，為他們樹立了應該遵循的榜樣。「祂豈不是你的父、將你買來的嗎？祂是製造你、建立你的。」（〈申命記〉32:6）上帝對所有人都擁有權力，並要求所有人必須敬畏、熱愛、崇拜祂。

上帝的稱謂

〈摩西十誡〉第三誡規定「不可妄稱上主——你神的名」，命令人們尊敬上帝的聖名，表明：上帝的名字本身具有權威、權力、神聖的涵義。猶太人在使用上帝名字時總懷著巨大的敬意。在《塔納赫》和《塔木德》中，對上帝有過許多不同的稱謂，這些稱謂在某種程度上表明了人們對上帝本質的理解。

El（發音為「埃爾」）是上古時期閃族用來稱呼上帝的用語，涵義為「具有力量」或「權力」。它不是真正的名字，而是暗示上帝的作用和地位，主要在《塔納赫》的詩句中出現。El 常和其他詞組合在一起稱呼上帝，每一個組合詞都有獨特的涵義。如：El Ilyon 意為「至高的主」，指「掌握天地的神」；El Olam 意為「永生的主」，特別指在別是巴的聖所。El Shaddai 意為「全能的主」。此詞多次在《塔納赫》中出現，尤其是在〈約伯記〉中。

古代猶太教曾以「埃洛希姆」（Elohim, 希伯來語音譯）稱上帝，此名源自古代敘利亞和巴勒斯坦一帶古代閃族神「埃爾」（El），「埃洛希姆」為「埃爾」的複數形式，意為「眾神之長」。此詞在大多數情況下指以色列的神，但也可以指異教的神。它雖然以複數形式出現，可以理解為異教的「眾神」，但在實際中總是被理解和視為單數。它是《塔納赫》中出現最多的稱呼上帝的名稱。

YHWH（漢語通譯為「雅赫威」）是《塔納赫》中出現的

最重要的，也是最無歧義的上帝的名稱。它只有書寫形式，沒有發音方式。這個特殊的上帝名稱通常被稱為「四字符號」，據古代資料，此名在第一聖殿時期是有發音的。它在《塔納赫》中出現的次數最多，達六千八百次。但從西元前3世紀起，猶太教的領導者為了強化宗教，開始禁止人們在誦讀《塔納赫》時，把這一神名讀出聲來，同時還制定嚴格的規定，禁止在任何其他場合加以使用。這樣，YHWH 在誦讀時被「阿杜乃」（Adonai, 發音為「阿杜乃」）取代。YHWH 譯成英文後，又被 Lord（意為「上主」）取代。

Adonai 是另一個代表上帝的名稱。它從 Adon 一詞變化而來，意為「我的主」。此詞主要是在發音上代替上帝的另一個名稱。

中世紀基督教學者在學習希伯來語和閱讀《塔納赫》原希伯來文本時，為了誦讀方便，常常把「阿杜乃」（Adonai）一詞中的元音加在 YHWH 中，從而把該詞變成 Jehovah（即中文譯本中的「耶和華」）。從此「耶和華」便成了基督教中主要使用的上帝名稱。

猶太教還習慣用「哈利路亞」（Halleluyah, 希伯來語音譯）來「讚美上帝」。

在《塔納赫》阿拉米文譯本《塔古姆》(Targumim) 中，所有對上帝的擬人化稱呼都被避免了，而使用了「梅姆拉」（Memra, 意為「道」）這個詞彙，作為對上帝的一種虔誠周到的特別稱呼方式。

猶太教有時也用「舍金納」(Shekhinah) 稱呼上帝。此名是希伯來語音譯，原意為「上帝之榮耀存留大地」，指神之顯現，或指神顯現時光芒四射之雲，表明上帝永在，可避免《塔納赫》對上帝擬人稱呼可能引起的不敬與誤解。猶太教有時用之代替「雅赫威」神名，此詞不見於《塔納赫》，但出現於西元後成書的《塔木德》、《米德拉什》、《塔古姆》等經籍中。在《塔古姆》中尤為多見，它成為上帝的同義詞。中世紀某些神學家完全把「舍金納」與上帝區別開來，認為它是被造的實體，是「神光」或「神的榮譽」。喀巴拉神祕主義者則認為「舍金納」是上帝的女性成分。

根據猶太教規定，凡是寫有上帝名稱的希伯來文稿在損壞後不得銷毀，必須在適當的地方加以掩埋。現在正統派猶太教徒傾向在書寫時不寫全上帝的名稱，即使在使用其他語言時亦如此。如在英語中只使用"G-d"形式，不將字母"o"寫出，以表示對上帝的敬畏。

契約觀

猶太教稱：猶太人是上帝雅赫威從萬民中揀選出來的一個特別的民族，是與祂訂立契約的特殊選民，因而被稱為「上帝揀選的子民」。〈創世記〉中敘述了上帝與猶太先祖亞伯拉罕訂立的契約，確立了上帝與猶太人之間的特殊關係。在〈出埃及記〉裡又敘述了摩西在西奈山再次明確了猶太人與上帝之間的特殊關係，它代表了整個猶太民族對上帝的集體承諾，

對每一個猶太人都具有約束力。這個契約就像日月星辰的運行一樣，永遠不能廢除。

因為這一契約，上帝一直以慈父般的關懷照顧著祂揀選的子民，向他們顯露自己的存在與意志，「現在祂說：你作我的僕人，使雅各眾支派復興，使以色列中得保全的歸回尚為小事，我還要使你作外邦人的光，叫你施行我的救恩，直到地極。」（〈以賽亞書〉49:6）將猶太人的使命同拯救全人類的任務不可分割地聯繫在一起。

由於這一契約，每個猶太人作為民族一分子都與上帝發生關聯，猶太教與猶太民族觀念也血肉相連、密不可分地結合在一起。猶太人必須遵守契約，履行上帝賦予的職責。猶太人即便背叛了這個契約的規定，也不能解除它，而只能按照契約招致懲罰，即民族遭受苦難，「各路特」(Galut) 觀念的出現就是明證。

「各路特」，希伯來語音譯，意為「放逐」、「流散」，原指猶太人生活在以色列地以外地區，後又指「巴比倫之囚」的歷史悲劇。猶太先知認為，儘管猶太人遭受放逐，但罪在自身；然而，猶太人與上帝之間的契約仍然有效，猶太人仍然是上帝揀選的子民，只要悔過自新，終有一天，上帝會赦免他們，使他們受優寵於世界諸民族之中。西元70年，耶路撒冷第二聖殿被毀，猶太人再次被驅逐出家園，在拉比們的解釋下，「各路特」成為指代全體猶太民族的放逐和異化狀態。這種放逐和異化不僅包括有形的，還包括心靈上的放逐和異化。

千百年來，在猶太人多次面臨民族危亡、遭受無數打擊和迫害之際，「契約觀」起到相當積極的作用，不僅使歷經磨難的猶太人在精神上得到慰藉，使失國流散的猶太民族文化得到繼承，而且使猶太人在道德上不斷追求完美，在精神上始終保持昂揚，成為世界上的一個偉大而優秀的民族。

歷史上，學術界對此「契約觀」一直存在兩種不同的看法。一種認為：它是一種責任，而不是權利。聖潔和榮耀只能被看成是對忠實守約的一種報答，而不是無條件地賜予猶太人的一項特權。另一種認為：它是猶太人獨特性的表示，說明猶太人具有較高的智慧和品行。近代的一些猶太學者認為：「契約觀」除了暗示猶太人肩負上帝委託的特殊使命，要在全世界傳播上帝的旨意，人類應通過他們學習認識上帝和遵守誡律的信念外，已不具有其他任何特殊的涵義。

先知觀

摩西·邁蒙尼德在其所列猶太教信仰〈十三信條〉中提出：「先知一切話語皆真實無誤。摩西是最大的先知，其預言是真實的。」明確地表達了猶太人的先知觀。猶太教教導說，上帝雅赫威在猶太人中選擇眾多先知來傳達祂的意志。「先知」，希伯來語"Navia"，意為「為上帝精神所感動的講話者或布道者」，亦稱「上帝消息的傳遞者」。在人類歷史上摩西是最偉大的先知，他把領導與謙恭結合在一起。上帝惟一把他揀選出來，與他面對面地交談，向他授予最高級的啟示。

上帝讓他把神聖的律法與〈十誡〉傳授給以色列人，以至聖作為其中心理念來建立一個國家。以色列人還被上帝選中向全世界傳達對其獨一信仰及人類之間應有的兄弟之情。

摩西逝世後，在聖殿崇拜時期，上帝依然揀選許多先知來傳達其意旨。這些先知有男有女，經歷不一。他們傳達上帝的意旨、顯示雅赫威的至高權力、教誨以色列人崇拜雅赫威、警告他們不要再崇拜其他諸神。他們偶爾也治癒病人，祝福人民，為其追隨者提供食物並行其他神事。

先知們具有超凡的精力、智力，能預見到將要發生的一切。他們警告那些面臨災禍的人，如果他們一再堅持違背上帝的教導，將會有何等災難降臨到他們身上。先知們富有追求正義與真理的激情，經常毫無畏懼地向國王傳達上帝的意旨，要求他們服從上帝啟示給摩西的律法。如：早期的先知以利亞集中批判偶像崇拜的罪惡，後來的先知則警告有關社會非正義和道德崩潰將會毀滅猶太人的國家。在西元前8世紀的先知運動產生了四個典型人物——阿摩司、何西阿、以賽亞和彌迦。他們沒有用預言，而是以他們的勇敢斥責當時社會的非正義行為，強調上帝是公平、公義的上帝，喜悅良善、慈愛，不喜愛祭物；上帝要求人們的是「止住作惡、學習行善、解救受欺壓者、給孤兒伸冤、為寡婦辯屈」。先知們命令以色列人返回他們的上帝那裡，他們所採用的美麗的詩一般的語言被後人永遠牢記。以色列人的先知運動為世界上許多宗教的道德和文學運動樹立了先鋒榜樣。

末世觀

猶太教教義稱：在上帝的安排下，一個完美的世界終將在末日到來之際得到實現。猶太教宣揚的末世論主要強調猶太民族和世界的最終命運，而不注重個人死後的命運。其核心內容圍繞以色列人作為上帝的選民，公正和正義必將獲得勝利；末世到來時，整個人類都將獲得和平，各民族之間不再有紛爭，世間萬物都將和睦共存。從《塔納赫》時代起，上述觀點一直是猶太教末世論的基本內涵。然而，一些猶太教神祕主義者認為，猶太教的末世論還包括善惡之間的決戰，猶太民族從流散地返回家園和審判日等內容。

猶太教末世論的思想源於《塔納赫》，以上帝與上帝子民之間的特殊關係為核心內容，認為上帝終有一日會懲罰所有違反上帝旨意的人，上帝的子民終有一天會向自己的敵人討還血債，正義終將取得完全的勝利。猶太先知給末世論思想抹上了道德色彩。他們指出，惡人終將受到懲罰，善人終將得到報償，上帝之日將是最後的審判日，是一個對所有不信上帝者進行懲罰的時代，在行將建立起的新世界裡，上帝將成為世界的主，所有的民族都將事奉於他。

猶太教的末世論作為一種神學觀念，不僅為猶太人所接受，而且為其他多種文化所吸收。許多近代哲學家的理論中或多或少地包含它的一些基本成分。

彌賽亞觀

彌賽亞定義

「彌賽亞」一詞為希伯來語音譯，原意為「受膏者」。猶太人自摩西時代起，凡是大祭司、君王、先知將立時，都需要有在他們額頭膏上橄欖油的儀式，表明他是由上帝派來的。後來，猶太人經常用「彌賽亞」這個詞來形容他們一直渴望能領導他們掙脫異族壓迫，使國家重返大衛王朝繁榮時代的有高度魅力者。

但從西元前586年猶大王國被巴比倫滅亡後，「彌賽亞」一詞又被賦予一種特定的涵義，同國家的復興聯繫起來。此時，這個詞相當於希臘文的「基督」（救世主）。當時的先知認為猶大王國之所以亡國，是因為猶大王國國人得罪了上帝，上帝才借外邦諸國對他們施加懲罰；但上帝不會永遠忘記他的子民，還要拯救他們。先知們預言，上帝將在適當的時候重新派遣一位他所膏立的彌賽亞降臨，前來復興猶大王國，拯救長期陷於水深火熱之中的子民。將重建國家於耶路撒冷，用正義、公正和真理實行統治，將使此國度恢復大衛王時期的繁榮興盛。先知稱：這位彌賽亞將是一位真正有魅力的人，因出類拔萃的品行而被上帝選中，來履行神聖任務。他將出自大衛的家族，是耶西的後裔。當他到來時，將會以正義壓倒邪惡的勝利，使流散的以色列人重返聖地，使全人類享有和平並承認上帝惟一神的至高地位。

彌賽亞紀元

　　猶太教主張一種本質上世俗的彌賽亞觀，相信在世界末日到來時彌賽亞會降臨履行其神聖的使命，即把猶太人從流亡和苦難中拯救出來，使他們返回以色列本土，重建自己的王國，並開創新的彌賽亞紀元——在全世界建立理想的社會秩序。這一觀念成為猶太人在長期逆境中支撐自己的精神支柱。因此，一些猶太思想家不堅持一個人的彌賽亞，而更強調彌賽亞紀元的概念。

　　猶太教稱，生活的目標是在塵世間建立起一個公正、和平與繁榮的人類社會，而不是為了另一個虛無世界的永恆而獲得靈魂的「拯救」。對於猶太人來說，「拯救」是一個社會和政治的概念，牽涉到人類社會作為一個整體的根本改善。因此，猶太教還稱：雖然彌賽亞將建立起符合上帝旨意的國度，使猶太人永享和平、友愛和公義。但他不只是拯救猶太民族，其他民族如願接受上帝和他的教誨，也同樣可以進入上帝的國度。

　　在近二千年的大流散時期，世界各地的猶太人世世代代都盼望著彌賽亞降臨，以拯救他們脫離苦難的境地、掙脫異族的奴役。越是民族苦難深重的時候，他們對彌賽亞出世的日子越盼得心焦。對彌賽亞紀元必將出現的信念一直安慰鼓勵猶太人，儘管他們經歷了千辛萬苦，但他們從未絕望。在當代猶太教中，許多猶太人，尤其是改革派和保守派猶太人已不把彌賽亞、彌賽亞紀元觀念當作首要關心者，儘管正統

派依舊堅持這些觀念。

來世與死後復活觀

來世意識

如今猶太人依然相信在這個世界的一個特殊的來世裡，所有的人將會在彌賽亞的領導下和諧地生活。這與相信上天不一樣（儘管有些猶太人也不相信天）。這個來世將會出現在地球上，將會持續到所有歷史的終結。確實，一些猶太人相信，到達這個完美的時期是所有歷史的目的。猶太人還認為「世上所有公義的民族在來世也會有一份」。

猶太先知以賽亞曾做過這樣一個來世之夢：

> 豺狼必與綿羊羔同居，豹子與山羊羔同臥；
> 少壯獅子與牛犢並肥畜同群；
> 小孩子要牽引牠們。
> ……
> 在我聖山的遍處，這一切都不傷人，不害物；
> 因為認識上主的知識要充滿遍地，
> 好像水充滿洋海一般。（〈以賽亞書〉11:6-9）

這個世界將充滿和平的來世之夢，成為猶太人最珍惜的夢想。

拉比們明確地表示：在來世，正義將得到表彰，惡行將

受到懲罰，來世只能給那些應該得到它的人；那些分享不到
來世的人，是否認信仰這一原則的人；再一次強調了在今世
過一種正義生活的重要性。

死者的復活

　　猶太教稱：人死後，靈魂將回到把他給予人的上帝那裡。
拉比們認為：死者的復活將發生在彌賽亞出現之後。歷史上，
眾多猶太哲學家一直試圖指明復活將採取的方式，但是此事
是超越人們有限的知識和經驗的，因此猶太人只有堅定不移
地堅信救贖這一信仰，正如猶太人每日在〈阿米達〉（Amidah,
意為「站立」，是猶太人每日三次的主要祈禱詞，因誦讀時需
要站立而得名，祈禱時採用一系列相同的讚美詞，和「讚美
主，我們的神，宇宙之王」的祝禱）禱詞中所宣稱的。摩西·
邁蒙尼德在其所列猶太教信仰〈十三信條〉中提出：「相信死
後復活」進一步增強了猶太人對這一觀念的認可。在近現代，
許多猶太教改革派人士，接受了死後復生的觀點，其會眾祈
禱書的最後兩段話申明：「我堅信彌賽亞的到來，儘管他可能
耽擱。我每天期待著他的到來。我堅信在使造物主愉悅之時，
亡者將會得到復活，永遠永遠祝福和高揚祂（上帝）的名字！」
然而，許多當代猶太作家將《塔納赫》、《塔木德》中有關復
活的資料，視為以色列國家復興的隱喻。

第二節　倫　理

在宗教與倫理的領域中，猶太教對猶太文明產生了巨大的影響。在西奈契約之前，猶太教只是一種一神信仰；摩西接受上帝律法後，猶太教成為一種崇尚倫理道德的宗教。猶太教鮮明的倫理意識不僅對人類宗教，而且對人類政治和社會等方面都產生了深遠的影響。

公義

猶太教的一神教教義肯定了上帝的倫理特色。在猶太教倫理意識中，最首要的是公義 (righteousness)。公義指公正、正直，涉及個人、社會與宗教道德的所有方面，公義是上帝的本質之一。

> 上主如此說：「智慧人不要因他的智慧誇口，勇士不要因他的勇力誇口，財主不要因他的財物誇口。誇口的卻因他有聰明，認識我是上主，又知道我喜悅在世上施行慈愛、公平，和公義，以此誇口。這是上主說的。」
> （〈耶利米書〉9:22–23）

從摩西時代起，猶太教反映了一種維護正義與公道的熱情。相信人類的兄弟情誼已顯示出博愛、憐憫與仁慈，非人

類和剝削性行為是對上帝的不仁。希伯來先知們譴責非正義
與壓迫，你們要「學習行善，尋求公平，解救受欺壓的；給
孤兒伸冤，為寡婦辨屈」（〈以賽亞書〉1:17），強調每個人可
以忽略自己的悲苦，但不能忽略他人的悲苦。社會痛苦不能
同個人痛苦相比較，因為後者是個人的、主觀的、能夠被意
志力克服，而社會痛苦不僅是大眾的痛苦，也是一種拒絕承
認上帝統治的弱肉強食原則的證據。先知彌迦教導說：「世人
哪，上主已指示你何為善。祂向你所要的是什麼呢？只要你
行公義，好憐憫，存謙卑的心，與你的神同行。」（〈彌迦書〉
6:8）猶太聖哲大希勒爾有句名言：「己所不欲，勿施於人。」
體現了猶太教的基本倫理準則。後來的拉比們教導說：「只有
人們能學會如何互相關心時，來世才有可能被帶來。」在猶太
教中「像愛你自己那樣，愛你的鄰居」的倫理已不斷擴大到
對窮人、寡婦、孤兒甚至對動物世界的關懷。

正義

　　猶太教相信上帝與人類之間存在著某種伙伴關係，認為
上帝是公正和慈愛的，祂的神聖性表現在道德領域裡。上帝
以意志行為創造了天地，以自己的慈愛繼續支撐天地；祂提
出日常行為的倫理規範和宗教規範要義，將「生與福、死與
禍」明陳在人的面前，賦予人選擇自由。上帝的獎賞是公正
性的直接結果。上帝獎勵公義、懲治惡行，但懲治的目的不
是處治，而是教育，是給惡人以贖罪和改過自新的機會。

　　猶太教贖罪所要求的不是信仰，而是對個人罪責的承認和對所犯過失的實際改正。先知耶利米一直鼓勵人們贖罪。他認為人們早晚能對自己的過錯有一種感覺。「當那些日子，人不再說：父親吃了酸葡萄，兒子的牙酸倒了。但各人必因自己的罪死亡；凡吃酸葡萄的，自己的牙必酸倒。」(〈耶利米書〉31:29-30) 他教育人們：只有個人得到拯救，宇宙才能最終得到拯救。因此，只有人人都切實意識到對自己的罪孽負有責任，脫離罪孽，成為與上帝和諧一致的義人，才能使整個民族或人類與上帝和諧一致。

　　先知以西結把贖罪的標準提到更高的地位。他向人們宣稱了一個信息：上帝應許個人通過一種上帝之力煉就內在的更新，使其脫離罪孽，獲得新生，與上帝和諧一致。他強調，這種更新首先要靠每個人自己。他必須通過悔罪和坦白承認，擺脫罪孽，為他自己創造一種新精神。在盡了那一份力後，他就與上帝和諧一致了。上帝將以其仁愛恢復這個人的精神和生命。「我也要賜給你們一個新心，將新靈放在你們裡面，又從你們的肉體中除掉石心，賜給你們肉心。」(〈以西結書〉36:26) 此後，個人不再趨於命運，不再承擔其罪責，不再依賴於其他人或某些專制政治，他在精神上是獨立的，因為他與上帝和諧一致了，是屬於上帝的。這種關於個人與上帝之間關係的觀念，對於長期遭流放的猶太民族來說有著巨大意義。它意味著城市、聖殿、獻祭不再是不可缺少的，流放中的人們既能夠作為個人，也能夠作為集體忠誠於他們的新家

和崇拜上帝，因為上帝將在他們可能會出現的任何地方與他們在一起。

聖化意識

　　猶太教關於獨一上帝的教義對猶太人意味著所有人類是平等產生的，都是按上帝的形象創造的；獨一上帝的兒女，都是珍貴和獨特的。因此，在人類社會生活中，每個人都應具有六條基本權利：生活權利、擁有權利、工作權利、穿衣權利、棲身權利和個人權利，如：在安息日，個人有閒暇和享受自由的權利。

　　其次，由於人是按上帝的形象創造的，所以人的生活是神聖的。人類的任務是使生活的每一個區域都被視為神聖的，甚至世俗的和共同的活動也可以被灌入神聖的意義。因此，讓所有生活聖化 (Sanctify) 是猶太教倫理又一個鮮明的特點。聖化是以公義和正義的原則來指導生活，「你們要聖潔，因為我上主——你們的神是聖潔的。」（〈利未記〉19:2）《塔納赫》的倫理核心就是要人們不斷地聖化自己。聖化條文多記載於《妥拉》和〈十誡〉之內。在猶太人中，只有祭司、先知和聖哲才有解釋它們的資格。

第三章

猶太教律法

猶太教中宗教與律法是分不開的。
猶太教不僅是一種宗教信仰，
表現為宗教經典、文獻及宗教觀點，
也是一種獨特的民族文化，
表現為道德行為的規範和生活習俗的制約。
在猶太教中，儘管上帝的判決是嚴厲的，
要以苦痛嚴懲邪惡，
但是律法被理解為上帝的仁愛和恩典的一部分。

בראשית

第一節　律　法

〈摩西十誡〉

　　猶太教中宗教與律法是分不開的。猶太教不僅是一種宗教信仰，表現為宗教經典、文獻及宗教觀點，也是一種獨特的民族文化，表現為道德行為的規範和生活習俗的制約。在猶太教中，儘管上帝的判決是嚴厲的，要以苦痛嚴懲邪惡，但是律法被理解為上帝的仁愛和恩典的一部分。猶太教教義稱：上帝本人就是立法者和法官，祂是仁慈的、公正的，是充滿愛心的。祂的律法和判決是祂仁愛的一面，也是恩典本身的一面，是神妙之物、崇高與歡悅之物，給予人類福澤。

　　最早的猶太教律法當推〈摩西十誡〉（簡稱〈十誡〉）。在〈申命記〉10:12-13，摩西宣布：「以色列啊，現在上主——你神向你所要的是什麼呢？只要你敬畏上主——你的神，遵行祂的道，愛祂，盡心盡性事奉祂，遵守祂的誡命律例，就是我今日所吩咐你的，為要叫你得福。」

　　〈十誡〉也可以在〈出埃及記〉20:2-17、〈申命記〉5:6-18中找到。〈十誡〉告訴人們，如何崇拜上帝和處理人與人之間的關係，它是猶太教的最高律法。

　　〈摩西十誡〉作為支配猶太人道德生活的基本天命，是猶太教倫理的綱領，也是上帝直接向猶太人頒發的道德命令，

是猶太人生活的基礎。就其內容而言，〈摩西十誡〉前四條誡命強調了猶太人對上帝應盡的義務，體現了「愛上帝」的內涵，後六條誡命則規定了猶太人應遵守的個人與社會倫理準則，即「愛人如己」的內容。〈摩西十誡〉的第一條誡命「我是上主——你的神，……除了我以外，你不可有別的神」，強調了在猶太教中上帝是維繫宗教信仰、倫理道德和律法制度的絕對神性權威，宣稱了上帝的惟一性與「愛上帝」是整個猶太教教義的牢不可破的根基。這一條誡命既是〈摩西十誡〉的主綱，也是〈摩西十誡〉的起始點，其餘各條誡命則是由此向各個領域的延伸。〈摩西十誡〉的特點是：在法律面前人人平等，人與上帝的接近。〈摩西十誡〉大多採用否定式（禁令式），這樣易於為人所領會。這種否定式的條文是警戒猶太人不可違背它，因為違背契約中的誡命，就是背棄上帝。猶太教所有經典和教誨都是圍繞〈摩西十誡〉的，它使猶太人組織起來，依靠律法，應付外部世界的壓力，有效地維護和傳遞了自己的信仰。〈摩西十誡〉在宗教與道德方面給予世界一個新標準，成為其後許多偉大法典的基礎。

六一三條誡律

　　猶太教稱誡律為「米茨沃特」(Mitzvot) 或者「誡命」(Commandment)。在拉比時代，學者們確認《妥拉》中誡律條文（包括格言、禁令、誡命、律例及規條）的總數為六一三條。這些誡律都是上帝在西奈山向摩西提出的。這些誡律

分為兩大類：

　　1.訓令式的誡律一共二四八條，可與人體骨骼的數目相應（共分為十八部分）。

　　2.禁令式的誡律一共三六五條，相等於人體肌肉的數目（共分為十三部分）。

　　這些誡律中，有許多與聖殿和祭獻有關，但主要內容涉及到猶太人社會生活的各個方面：神職人員的職責與特權、平民的法律地位、權利與義務、財產所有權、債務處理、婚姻與家庭、衛生風俗、起居飲食、犯罪與刑罰、審判機構與訴訟等等。此外，還包括如何勸人行善歸箴，如何處理好人與上帝的關係、人與人之間的關係，等等。

　　猶太教律法的首要目標是為了堅定猶太人對上帝的信仰，並且在日常生活中排斥所有其他神的存在。在六一三條猶太教誡律中，有八條要猶太人公開表示對上帝的信仰，有五十一條與抵制其他神祇有關，這些誡律使得猶太人必須表明獨特的信仰立場。對於一個猶太人來說僅僅私下承認一神教是不夠的，他還必須公開表明對惟一的、萬能的上帝的堅信和對異教偶像崇拜的譴責與拒絕。摩西·邁蒙尼德曾說過：猶太人有義務向世界公開他們的真實信仰，不向來自任何方面的威脅低頭。即使是面對以暴力迫使我們放棄信仰的暴君，我們也必須拒絕服從。不僅如此，我們還必須堅定表示就是下令處死我們，我們也不會這樣做。同時我們也不能使暴君錯誤地認為儘管我們的心仍向著我們的信仰，但表面上是會

放棄對上帝的信念的。

　　但猶太教律法要求猶太人做到的遠非只是對獨一無二上帝的信仰，《妥拉》中列出的六一三條誡律以及口傳律法中規定的一系列法規涵蓋了猶太人生活的所有方面。這些誡律、法規在確保猶太民族在行動上表現他們一神信仰的同時，還要求猶太人在生活中保持猶太民族的獨特生活方式和價值觀念。猶太教律法的權威不僅是靠國家強制的力量推行，更主要的是借助人們對上帝的敬畏去謹守遵行。律法對犯罪者的懲治被認為是「上帝的懲罰」，這樣上帝雅赫威就成為正義的化身。上帝以現世的苦難作為懲罰犯罪者的手段，但又以引導人們棄惡向善、扶弱除暴為目的。

　　作為「上帝的選民」，猶太人首先關心服從上帝的律法。猶太教律法強調：對於一個猶太人來說，生活的主要目的並不是把他的思想局限於彌賽亞身上，或是對彌賽亞做出任何個人的貢獻，而是履行上帝公正的律法，並因此有助於使這個世界配得上一個彌賽亞的時代。虔誠的猶太人一直尋求以其全部所有來熱愛上帝。這種熱愛是通過在每日生活中切切實實地遵從上帝的律法表達的，因此律法對猶太人來說具有至高無上的重要意義。猶太人認為，遵守上帝的律法不應看成是一種負擔，而應看成是一種歡樂，因為遵守律法的人與上帝更接近了；廣義上講，猶太人認為行善也是在遵行律法。通過遵行律法，猶太人實踐了一種至聖的生活。千百年來，虔誠的猶太教徒恪守這些律法誡條，不敢越雷池一步。

大流散時期以來的律法

《密什那》與《塔木德》

西元135年巴爾·科赫巴領導的猶太人大起義失敗後，羅馬帝國徹底毀滅了耶路撒冷，猶太人開始了大流散的生涯。此時再無重建聖殿和一個祭司集團的希望，所剩的只有上帝的律法，人們如何才能保有這一律法呢？

西元172～217年，在掌管烏沙猶太教公會的猶大·哈-納西主持下，猶太學者們把自以斯拉時期以來一直收集的所有拉比詮釋《妥拉》律法而形成的大量「口頭法規」彙集在一起，加以分類、整理和補充，編成一部希伯來文巨著，稱為《密什那》。西元5世紀末，巴比倫的猶太學者們又在此基礎上編著了《革馬拉》，它是《密什那》的釋義和補編，《塔木德》乃二者的合稱。《塔木德》被看作是猶太教的基本法典，因為其中包括民法、刑法、教法、規章條例等。

拉比法令

在拉比時期，猶太人還必須遵行拉比法令。拉比法令既可以是聖哲們制定的對所有猶太人都具有約束力的法規和法令，也可以是猶太人社區領袖為了本社區的公益事業而發布的有關規定，還可以是猶太組織機構為了自身事務做出的規定。這些法規主要是為了使各地猶太人的生活方式能適應變化了的環境或面臨的新形勢，內容涉及稅收、禮拜儀式、青年教育、公益金徵集、保障婦女在婚姻方面的合法權益等。

有些法令還具有禁令性質。

法典

　　自大流散以來，各猶太社團之間一直缺少一個統一的權威機構，律法變得越來越複雜，人們需要有一部能不斷提供諮詢的律法法典來規範他們的生活。巴比倫的猶太社團首先制定了適用於散居猶太社團的法典。西元8世紀，西班牙的阿爾法西按照《塔木德》的二十四個專題排序，寫出了一部重要法典《律法之書》。12世紀邁蒙尼德所著的《密什那·妥拉》（又稱《第二律法》）是對猶太律法體系進行系統歸納和梳理的經典之作。13世紀，法德地區產生的第一部較有影響的法典是摩西·本·雅各(Mosheh Ben Ya'aqov, 13世紀)寫的《誡律大典》，書中將《妥拉》中六一三條誡律分成訓令式和禁令式兩大類，指出這些誡律的出處。13世紀西班牙猶太社團學者亞設的《概要》是一部重要法典，是對《塔木德》每個段落章節進行深入研究的產物。其子雅各所撰的法典，以整個猶太律法為基礎，剔除了那些聖殿被毀後不再執行的律法，內容清晰、風格明快、分析透徹，在以後的若干世紀中一直是許多大型猶太社團使用的權威本。但是迄今仍被猶太人視為權威的法典之作是16世紀由約瑟夫·本·卡羅在薩法德所作的《舒爾漢·阿路赫》，此書是一部猶太教禮儀和律法大典，比《密什那·妥拉》更為簡明和富有總結性，不僅體現在資料方面而且在倫理評論及對規則的解釋方面。全書條理明晰、易於接受。但是它忽略了阿什肯那齊猶太人的習俗和法律規

則。為了糾正這一點，波蘭的拉比摩西·本·以瑟利斯（Moses Ben Isserles, 約 1525～1572）為此書寫了一部《台布》。

《哈拉哈》文獻

在猶太人大流散時期，產生了大量的關於《妥拉》誡律的注釋、實施細則以及其他規定、法典，使猶太民族的法律制度逐漸完善，其中從法學哲學到具體細則都不乏人類法律史上開拓性的建設。由於猶太人一直流落他鄉，缺乏政治實體，法律制度在猶太人的生活中發揮著現代之前在其他民族中見所未見的作用。一方面，《妥拉》成為民族的樊籬，律法成為連接民族的紐帶。另一方面，隨著時代的進步和社會的發展，猶太教也在緩慢地進行改革，摒棄那些不符合時代要求，有違人本意的清規戒律。許多適用於各時代猶太人日常生活的新《哈拉哈》文獻（參見本書第四章第三節之「《哈拉哈》」）由此產生。

第二節　司法機構

猶太教公會

猶太教公會亦稱「散和德林」（Sanhedrin），《塔納赫》中指猶太教最高議會及司法機構。西元前2世紀馬卡比時代開始有相關文獻記載。猶太教公會由七十人組成，另由一名在職大祭司擔任負責人。猶太教公會成員由三種人組成：在職或

退職的大祭司、文士和社會賢達。其中祭司代表神職界，文士代表知識界，社會賢達代表平民。祭司屬於撒都該人，文士屬於法利賽人，社會賢達大都擁護法利賽人。猶太教公會素以嚴守律法著稱，是負責解釋律法，監督人們守法的司法機構，平日在聖殿集會，按摩西律法審理民間案件。按規定，猶太教公會只有在聖殿晨禱儀式結束時才能開會，對一個人的宣判也不得在當天作出。

　　猶太教公會的行政特權有：任命二十三名法官組成的法庭、推選列王和大祭司、擴展耶路撒冷的疆界和聖殿的面積、重新分割各個宗族占據的土地、宣戰、為全民族的集體罪孽獻祭、任命供職於聖殿的祭司並監督其活動。全體猶太人必須遵守猶太教公會所通過的法律決議和接受它對法律所作的解釋，破壞和抗拒猶太教公會的決議，在法律上應被判處死刑。西元前65年羅馬人統治巴勒斯坦後，該會只審理羅馬官員不受理的猶太人案件，但這時僅有傳訊被告之權。西元70年耶路撒冷被毀後，猶太教公會被解散。此後，猶太人在雅烏內、提比哩亞（太巴列）建立猶太經學院，發揮了原耶路撒冷猶太教公會的職能作用。西元425年羅馬統治者宣布徹底廢除猶太教公會會長——納西職位，長期以來一直在猶太人中發揮領導作用的猶太人管理機構——猶太教公會也被宣告終止存在。

猶太教法庭──貝特-丁

　　猶太教從事審理有關刑事、民事和一切涉及宗教律法案件的機構為「貝特-丁」(Bet-Din)，其字面涵義為「判決之家」，在拉比著作中為法庭，在現代為拉比精神法庭，又稱「猶太教法庭」。它既處理屬於私人民事案件（結婚、離婚等），也處理宗教性質的行政案件（監督對飲食規則的恪守等），在原告、被告雙方同意下，它還可以成為仲裁法庭。

　　《塔納赫》記載，猶太人逃出埃及後，「摩西坐著審判百姓」，後來，他將自己的審判職能移交給他任命的百姓首領：千夫長、百夫長等，自己只處理最複雜、最重要的案件。當猶太人定居迦南後，每一個宗族和每一個城鎮都有法官。拉比時期，每個猶太人散居地都建立了「貝特-丁」，小定居點的法官起碼有三人，較大定居點裡有由二十三個法官組成的法庭。最高審判機構是由七十一個法官組成的猶太教公會。法官的人數總是奇數，以便在意見分歧時服從大多數人的意見。

　　各種等級的猶太教法庭具有不同的司法權：

　　1.由三位法官組成的法庭通常負責包括離婚在內的民事案件、皈依猶太教的程序、把無賠償能力的竊賊出賣為奴、聽取口供等。

　　2.由二十三位法官組成的法庭通常審理刑事案件，包括可以判處死刑的重大案件，也審理起先作為民事案件出現，

但可能引起刑事核准的案件，如：誹謗案。

　　3.由七十一人組成的猶太教公會實際上具有無限的司法、立法和行政權力。例如，能夠審理被指控犯有刑事罪的最高大祭司、宗族首領和猶太教公會會長。它還專門審理這樣一些刑事案件，如：偽預言、族長的謀叛活動、城市或宗族居民被誘的偶像崇拜行為等，死刑判決權也屬於猶太教公會。

　　貝特-丁始於第二聖殿時期，傳說為以斯拉所創。他下令每逢週一、週四猶太人大集市的日子，各地法庭都要開庭審案。西元70年耶路撒冷第二聖殿被毀後，約翰南·本·扎凱在雅烏內建立了猶太經學院，它起到了原耶路撒冷猶太教公會的作用，成為巴勒斯坦及各猶太人散居地的中心貝特-丁。作為對這個中心貝特-丁的補充，所有猶太人散居地，特別是有耶希瓦（猶太經學院）的地區由當地貝特-丁負責執法。在猶大·哈-納西一世時，中心貝特-丁的權力達到頂峰。到其孫猶大·哈-納西三世在位時（約230～270），中心貝特-丁仍然是整個猶太民族真正的司法和行政中心。3世紀末期，隨著巴比倫猶太學術的繁榮和羅馬政權對巴勒斯坦猶太人的壓制，貝特-丁逐漸喪失了自己的意義。在高昂時代上半期，巴比倫地方法官的任命權集中在流放領袖手中。在埃及，地方法官由社區首領遴選。在歐洲新的猶太人定居點，或由族長本人組成法庭，或由他們挑選法官。西班牙的貝特-丁以拉比法律為基礎，制定了嚴格的懲罰體系，具有最大的權力和影

響，其權力擴展到猶太人生活（社會生活和個人生活）的各個領域。

中世紀，在各個猶太人散居地中心的貝特-丁成為猶太人自治的支柱，並且直到近代仍然保持著這種意義，雖然權力削弱了，卻仍維繫著《塔木德》法規的基礎。中世紀的猶太法律嚴格禁止猶太人把自己的相互爭執提交到非猶太法庭，因此社區對每個成員的個人生活加以監督。此外，猶太人普遍認為：「法庭是上帝的事業」，訴諸於非猶太法庭就意味著「崇拜別的上帝」。

在近代波蘭-立陶宛，猶太人社區的司法權屬於四方會議，其組成包括最高法官，最高法官是從各主要社區遴選的《塔木德》學者。在沙皇俄國，貝特-丁在19世紀下半葉前具有很大的影響。它不僅對犯人執行嚴厲的懲罰措施，而且其司法權擴大到猶太人社區。

近現代以來，猶太人的解放導致猶太人社區結構逐步瓦解，猶太人越來越多地訴諸於社會法庭和國家法庭。在猶太人散居地迄今仍然保留著貝特-丁，它只享有仲裁法庭的權力，其裁決為國家法庭所承認。在許多國家中，特別在英國，國家大拉比領導的貝特-丁體系在猶太人生活中還起著重要的作用。

當代，在以色列國，人們用貝特-丁這個術語表示不同於世俗法庭的拉比法庭。根據以色列法律，除了日常的宗教職能外，貝特-丁在以色列猶太公民的個人問題上，具有幾乎是

獨專的司法權。這種貝特–丁的現有體系在某種程度上是對上述貝特–丁結構的繼承。它在國家專門法律的基礎上，調節自己同世俗法庭和國家行政機構的相互關係。在規定離婚案須經民事法庭審理的世界其他國家中，猶太教正統派和保守派教徒離婚，仍須先獲得宗教法庭批准後，再由民事法庭裁決。

　　猶太人對法官的要求很高，摩西·邁蒙尼德提出，法官應該具備下列品質：智慧、謙遜、對上帝虔敬、蔑視金錢、熱愛真理、熱愛人民、有良好的聲望。同時，應嚴於律己、壓抑自己的一切欲望、有勇敢的心靈，維護受壓迫者，使之免受壓迫者的仇恨、報復與迫害。法官的裁決應當公正，使雙方都不難接受。

第四章

◆

猶太教經典

猶太教的第一部也是最重要的典籍是《塔納赫》。
在猶太教中,《妥拉》作為上帝最直接的啟示,
占據著《塔納赫》的核心地位,
為其最神聖、最重要的部分。
它規範著所有團體和個人的行為。
在爾後的悠悠歲月中,
猶太人正是從《妥拉》中尋求到鼓舞與指引。
猶太人深深地摯愛《妥拉》。

בראשית

　　在猶太教中有三部典籍：第一部典籍是《塔納赫》，所
有猶太人都要絕對忠誠地信奉它。其前五卷書稱為《妥拉》
（又稱《律法書》、《摩西五經》），是《塔納赫》中最重要的
著作；第二部典籍是《塔木德》，它對《妥拉》中的「六一三
條誡律」逐一作出了詳盡解釋；第三部典籍是《米德拉什》。
除《塔納赫》外，猶太教典籍多是一些闡釋與評注式著作，
由於編纂年代和地域的不同，常常出現相互包容和交叉評注
現象。

第一節　《塔納赫》

　　猶太教的第一部也是最重要的典籍是《塔納赫》
（Tanakh, 希伯來語音譯）。它包含三部分：《妥拉》(Torah) 5
卷、《先知書》(Navim) 8卷、《聖錄》(Ketuvim) 11卷，共計24
卷，因此也被稱為二十四書，《塔納赫》取自三部分開首字母
之合。

　　《塔納赫》是猶太人的正典，是自「巴比倫之囚」時期
到西元1世紀的二百五十多年裡，由一批猶太聖哲和文士收集
古代猶太教的歷史典籍和律法文獻，加以整理、編纂而成。
《塔納赫》大多用希伯來文寫成，但是《聖錄》中，有幾卷
書包含了大量用阿拉米文所寫的內容。

　　《塔納赫》實際上是一部有關猶太人早期生活的百科全
書，它完整地展示了猶太民族的發展史，生動、形象地再現

了猶太人民廣闊的生活畫面，詳盡地記載了他們在各個領域的傑出成就，深刻地反映了他們的道德觀、價值觀，為了解和研究古代猶太人社會提供了豐富而珍貴的歷史資料。

《塔納赫》也是一部文學巨著，它幾乎運用了所有的文學創作形式，如：神話、傳說、小說、寓言、戲劇、散文、詩歌、諺語、格言，並獨創了先知文學和啟示文學，為繁花似錦的世界文學做出了獨特的貢獻。值得注意的是，在《塔納赫》中，猶太人被流放的歷史是一再出現的主題。《塔納赫》的敘述強調每當猶太人背離上帝的誡命，就會惹怒上帝，被一次又一次地從其精神故鄉驅趕出去，無家可歸。

《妥拉》

原意為「教義」、「訓誨」、「指引」，包括〈創世記〉、〈出埃及記〉、〈利未記〉、〈民數記〉、〈申命記〉5卷，又稱為《摩西五經》。「妥拉」也含有「教導」之意，《摩西五經》自身使用「妥拉」這個詞，表示它是一部眾法令的具體化身。在這個意義上，「妥拉」意為「律法書」。

《妥拉》詳細記載了猶太人關於世界和人類由來的傳說，以色列人早期歷史和猶太教各項律法條文的來歷，提出了許多指導觀念並預言了以色列民族的命運。《妥拉》強調上帝是絕對獨一的，祂創造了世界，祂關心世界，祂同以色列人訂立了永久的契約，是所有猶太聖卷的基礎，猶太教規的重要依據。《妥拉》對西方文明也產生了巨大的影響，因此，也是

某些非猶太傳統的根源。

　　儘管許多世紀以來，猶太傳說形容《妥拉》是神授天賜
的，但是許多學者和現代猶太思想家認為，《妥拉》是在很長
一段時期內，由諸多作者不斷增添內容彙集出來的，使它不
僅成為有關猶太歷史的定型物，也成為猶太歷史的產物。《妥
拉》是猶太人信仰的象徵、所有猶太人都要絕對忠誠地信奉
這部神聖的經典。它也是猶太民族的紐帶，數千年裡，一直
凝聚著這個民族。

　　在猶太教中，《妥拉》作為上帝最直接的啟示，占據著《塔
納赫》的核心地位，為其最神聖、最重要的部分。它規範著
所有團體和個人的行為。在爾後的悠悠歲月中，猶太人正是
從《妥拉》中尋求到鼓舞與指引。它也成為以後出現的《密
什那》和《塔木德》的中心基礎。猶太人深深地摯愛《妥拉》。
約書亞・羅斯・李普曼 (Joshua Loth Liebman) 曾描述過這種
感情：「《妥拉》是我們人民的不朽的保證。它如同這個世界
一樣廣大深邃。它一直深入到蒼天的藍色神祕中。旭日初升
與夕陽西下、應許與完成、出生與死亡、人類的戲劇……全
都融入這部經卷之內。在漫漫而過的歲月中，我們猶太人在
這部書中之書裡找到支持和力量。儘管許多民族興起又衰落，
儘管許多帝國征服他國又走向衰亡，以色列人卻通過他們對
《妥拉》訓誡的忠誠一直保持著持久的尊嚴。」

《先知書》

　　《先知書》是《塔納赫》的第二部分，分為前、後先知書兩部分。猶太教認為先知在猶太民族史上，是作為神意的代言人而不斷出現的，他們有時引用過去的歷史，有時預言未來的事情，藉以勸人們遵守同上帝的契約與上帝的律法。猶太人認為猶太民族領袖摩西是最偉大的先知，他的繼承者約書亞及爾後的撒母耳、以利亞等也都是先知。這些先知沒有留下著述，但他們的事蹟被記錄在《先知書》中。〈約書亞記〉、〈士師記〉、〈撒母耳記〉（上下卷）與〈列王紀〉（上下卷）被稱為「前先知書」。同一期間，被認為是由另外一些「先知」親自寫出的書，稱為「後先知書」，包括「三大先知書」（〈以賽亞書〉、〈耶利米書〉、〈以西結書〉）及合為一卷的「十二小先知書」。猶太人的《七十子希臘文本聖經》中，把〈但以理書〉作為第四大先知書，並在〈耶利米書〉後又附上〈巴錄先知書〉。

《聖錄》

　　《塔納赫》中其餘諸書總名為《聖錄》，也被稱為《哈吉奧格拉法》(Hagiographa)，是一部有關禮拜儀式、世俗詩歌、智慧文學、歷史著作的集大成之作。它包括〈詩篇〉、〈箴言〉、〈約伯記〉、〈雅歌〉、〈路得記〉、〈耶利米哀歌〉、〈傳道書〉、〈以斯帖記〉、〈但以理書〉、〈以斯拉記〉、〈尼希米記〉、〈歷

代志〉（上下卷），由不同風格和題材的作品構成。從文學角度看，《聖錄》是《塔納赫》中最光彩奪目、富有魅力的一部分。《聖錄》對猶太人生活的影響很深，猶太人在不同的節日裡誦讀它們。在逾越節讀〈雅歌〉、五旬節讀〈路得記〉、阿布月九日讀〈耶利米哀歌〉、住棚節讀〈傳道書〉、普珥節讀〈以斯帖記〉，以此來紀念他們歷史上具有重大意義的事件和人物，激發自己的民族感情。

第二節 《塔木德》

猶太教的第二部經典是《塔木德》（*Talmud,* 希伯來語音譯），意為「教導」，又稱「口傳《妥拉》」，出自〈申命記〉11:19「你們要把這些誡命教導你們的兒女」，其權威性僅次於《塔納赫》。對猶太教而言，《塔納赫》是永恆的聖書，而《塔木德》則是猶太教徒生活實用的經書，旨在給猶太人提供宗教生活的準則與為人處世的道德規範。

西元70年羅馬帝國毀滅耶路撒冷第二聖殿後，把猶太人全部驅逐出城。猶太人四散各地，原有的摩西律法在實行中發生問題，需要補充。西元135年巴爾‧科赫巴起義失敗後，再無重建聖殿和重建一個祭司集團的希望，所剩的只有上帝的律法。人們如何才能保有這一律法呢？這時正值拉比時期，拉比猶太教的特點是重視宗教律法的闡釋，而不注重教義的解釋和對外傳教；在宗教律法和世俗律法關係上，承認世俗

律法在社會生活中的重要地位。拉比們為自己制定了兩個任務，集體任務以編纂《米德拉什》而聞名，是對《塔納赫》等宗教經典的注釋和對成文《妥拉》神祕涵義的解釋。他們感到《妥拉》不僅是一部關於社會法律和歷史事件的著作，而且其內還隱藏著它曾經是宇宙的律法和有關天地自然方面的全部知識。拉比們一直從不同方面來推演對這類問題的回答。除了對成文《妥拉》神祕性的鑽研外，拉比們還從事如何使《塔納赫》教義適用於完全不同於古代環境的當代生活，如何按當代價值觀可以接受的方式解釋經卷。在大約西元前30～西元10年，學者大希勒爾為《妥拉》周到、審慎、有伸縮性的解釋模式制定了一系列有價值的原則。如：「你自己討厭的東西不要強加給你的鄰居。這就是全部的《妥拉》，餘下的全是評論。去，學習它。」

　　拉比們的另一個任務與猶太教口傳律法有關。根據拉比傳說，上帝在西奈山給了摩西兩部《妥拉》，一部成文的《妥拉》，還有一部口傳的《妥拉》，後者是一部更大的教義書。它被記憶下來，並一代又一代口口相傳到早期拉比那裡。後來，各拉比學派在對口傳《妥拉》不斷加深理解的基礎上，開始把所有相關的評論和口傳律法系統化。西元175年猶太人領袖猶大·哈-納西發起並主持完成了一部「口傳《妥拉》」編輯版本，西元200～210年成書，稱為《密什那》。西元5世紀下半葉，猶太學者們又在此基礎上編著《革馬拉》，它是《密什那》的釋義和補編。《塔木德》乃二者的合稱，在經頁上常

左右並列，但後世往往稱《革馬拉》為《塔木德》。由於編纂地點不同，《塔木德》分為《巴勒斯坦塔木德》和《巴比倫塔木德》。自中世紀起，歐洲對《塔木德》的研究非常活躍，其詮解和補充工作迄今仍有延續。

　　《塔木德》被看作是猶太教的基本法典，因為其中包括民法、刑法、教法、規章條例、傳統風俗、宗教禮儀、各種社會道德的討論與辯論、著名猶太教學者的生平傳略等。《塔木德》也被視為一部猶太教精神的百科全書，因為拉比們在辯論中調動了各種論據。書中有膾炙人口的格言、民間故事、傳說、逸事、雙關語、夢析，還有包括神學、倫理學、醫藥、數學、天文學、歷史、地理學、植物學等方面的日常科學知識。其中的民間傳說，如：巴山王巨人奧格的傳說，誇張到令人難以置信的地步。對於外人，《塔木德》像是一個裝滿了亂七八糟東西的櫃子，一本沒有索引的零散張頁的百科全書。實際上對大多數人來說，《塔木德》是難以接近的，然而那些懂得它的人已記住了它。

　　《塔木德》是猶太人智慧日積月累的貯藏所，而這種智慧並不是非要顯示在表面上。《塔木德》不是具有必然真理的著作，而是闡述了很多有名有姓的猶太拉比的觀點。拉比們互相之間常常無法取得一致，但他們的觀點卻被認為有著某種神聖不可侵犯性，值得研究，是對於永無止境地探求《妥拉》真理的一種貢獻。

　　《塔木德》所解決的難題不勝枚舉。若是關於一個合乎

邏輯的答案存在著觀點上的不一致,《塔木德》就根據拉比中多數人的意見做出結論,因為《妥拉》就是教導大家遵從大多數人的意願。此外,凡是《塔納赫》中律法顯得過於簡潔和散亂的地方,如關於安息日的律法,在《塔木德》中都給出了詳盡的解釋,並彙集在一篇裡;不然的話,要理解這些律法是不可能的。《塔木德》具有解決存在爭議問題的權威性,因為《妥拉》中說「他們在上主所選擇的地方指示你的判語,你必照著他們所指教你的一切話謹守遵行。」(〈申命記〉17:10) 這就說明,上帝已經把這種權威交給了猶太聖哲們,然而讓所有猶太社團接受《塔木德》,卻經過了好幾百年。

《塔木德》繼承並發展了《妥拉》的訓誨和《先知書》的社會理想,又反映出猶太教怎樣適應不同的時代,甚至在宗教律法這個最難變革的領域中,也能根據現實生活的經驗,而不是憑法律條文的邏輯去作出新的解釋。「首要的不是精研律法,而是實踐」的主題思想貫穿在整部《塔木德》之中。在猶太經學院裡,人們學習《塔木德》比學習《塔納赫》更要認真,任何人都不能被稱之為長老,除非他通曉《塔木德》,即使他對《塔納赫》爛熟於心也不行。掌握《塔木德》的傳統方式是借助評論不斷地閱讀它,就它與他人爭辯,提出更進一步的解釋,直到它成為熟悉的領域。傳統的西方詞彙目錄、索引等方式是最近才開始採用的。今日在《塔木德》研究領域中,在以所熟悉知識為主的傳統學者和以批判觀點而不是知識為主的現代學者之間,存在著一道鴻溝。

《密什那》

　　《密什那》(*Mishnah*, 希伯來語音譯, 源自其詞根Shanah, 意為「重複」), 意為「通過重複學習或教導」。《密什那》是猶太教口傳律法集《塔木德》的前半部和條文部分。西元172～217年, 猶大‧哈-納西掌管烏沙猶太教公會。當時猶太教除《妥拉》成文律法外, 還有數百年來拉比們詮釋律法而形成的大量「口傳《妥拉》」。這些法規是拉比們根據律法條文在實際生活案例上的具體應用, 教導猶太人「可行什麼」和「不可行什麼」。在猶大‧哈-納西的主持下, 把自以斯拉時期以來一直收集的所有關於律法的評論彙集在一起, 加以分類、整理和補充;經二十多年時間, 編成一部希伯來文巨著, 稱為《密什那》。這部帶有辯論性評論集按一系列論文的內容編為六個分卷, 共六十三篇。內容包括猶太教的教規、誡條和婚姻、家庭、宗教生活等守則。書中每一條亦稱一條「密什那」, 以相關事物為名, 如:「安息日的密什那」。針對〈摩西十誡〉中「當記念安息日, 守為聖日」的誡條, 和在《塔納赫》裡所說在這一天特別禁止的惟一工作形式是禁止點火。一些照本宣科的人簡單地理解為:遵守律法的猶太人在所有的安息日裡, 應坐在寒冷黑暗的房間。而「安息日的密什那」解釋說:《妥拉》的真正涵義是要猶太人遵守安息日, 將安息日作為禮拜和喜悅的聖日, 應使猶太人家在安息日過得更令人興奮。因此在一週的第七天, 可以雇非猶太人來生火、點

燈，做特殊的飯菜。如果一個非猶太人點亮一盞燈，一個猶太人可以使用這一燈光；但是他自己為此目的點亮燈是禁止的。根據「安息日的密什那」，安息日是一個快樂的日子，家中最好的食物要供安息日用。這一天要穿上最好的衣服，即使是在非常時期，也不例外。在安息日人們還要受到拉比們的照顧。總之，《密什那》強調：猶太人一方面為保持律法的聖潔，要慎重地走出每一步；另一方面在遵守律法的基礎上，還要使生活過得更為舒服，並盡可能與律法保持一致。

《革馬拉》

　　《革馬拉》(Gemara, 阿拉米語音譯)，意為「補全」、「完成」，表示它補全《密什那》的遺漏部分並加以完成。它不僅是《密什那》的詮釋和評註，還包含了大量與《密什那》原文沒有直接聯繫的材料，包括：律法詮釋、倫理格言、佈道文稿、歷史記述和神話故事等，構成《塔木德》的後半部和釋義部分，主要用阿拉米文寫成，後人往往單稱之為《塔木德》。

　　《密什那》編成之後，猶太人生活與學習的中心漸漸從加利利移向巴比倫。自西元前596年以來，不少猶太人一直生活在那裡。儘管這一地區的祅教徒曾偶爾迫害過猶太人，但是巴比倫猶太人的生活要比加利利猶太人的生活更輕鬆、容易。在巴比倫猶太人社團中關於上帝律法的討論一直在延續。西元3世紀時，《密什那》已流行於巴比倫的猶太人中。但巴

比倫的一些猶太教學者認為《密什那》有其局限性，因為它的許多解釋只適於巴勒斯坦傳統，沒有結合巴比倫的實際情況，也不包括已有的其他律法材料和補充的口傳法規，還完全忽略了補充的宗教律法《哈拉霍特》。他們便著手整理這些補充材料，並進行詮釋，終於在西元5世紀末編成另一部阿拉米文的口傳律法釋義彙編《革馬拉》。《革馬拉》是《密什那》和《妥拉》的釋義、補編和附加評論，它是處理猶太人生活每一領域的文獻集。《革馬拉》與《密什那》兩者合併在一起，組成二百五十萬字的《塔木德》，在經頁上兩者常左右並列。幾乎與此同時，巴勒斯坦的學者也為《密什那》編出不同評注的《革馬拉》。《巴勒斯坦革馬拉》大約在西元3～4世紀形成於巴勒斯坦提比哩亞(太巴列)，記載了這一時期在加利利，特別是提比哩亞猶太經學院的討論。《巴比倫革馬拉》形成於巴比倫蘇拉猶太經學院，約自西元3～5世紀完成。於是相同的《密什那》加上不同的《革馬拉》，就形成兩套《塔木德》，即：《巴勒斯坦塔木德》與《巴比倫塔木德》。兩部《塔木德》都用阿拉米文夾雜些希伯來文寫成。然而《密什那》經卷則全部為希伯來文所寫。兩部《塔木德》有許多共同之處。它們都對同樣的問題提出看法，闡述個人的見解。這兩部《塔木德》經常互相引用，但在結論和解釋上有一些不同之處。《巴勒斯坦塔木德》完成於西元425年，這部《塔木德》整體規模大約為《巴比倫塔木德》的三分之一，它在義大利、埃及等與巴勒斯坦密切相關的地方影響較大。《巴比倫塔木德》

是兩部《塔木德》中較大、較有影響的，約有二百五十萬個
詞彙。它完成於西元500年，由於它比《巴勒斯坦塔木德》約
晚一個世紀，因此它的內容豐富，更適用於情況多變的社會
環境，權威性也更高。自從猶太教在穆斯林帝國繁榮興旺後，
在那裡《巴比倫塔木德》一直處於優勢。現今猶太學校均採
用它為標準本，其權威性超過《巴勒斯坦塔木德》，有爭議時
以它為準。

第三節　《米德拉什》

《米德拉什》(Midrash, 希伯來語音譯)，意為「解釋」、
「闡述」。《米德拉什》是猶太教中解釋、講解《塔納赫》的
佈道書卷。西元2世紀時已有雛形，6～10世紀全部成書。全
書按《塔納赫》各卷的順序編定，對之進行通俗的解釋與闡
述，分別稱為該卷的「米德拉什」，但每篇可有單獨名稱，如：
「〈出埃及記〉的米德拉什」等。

《米德拉什》的內容分為兩種：一為《哈拉哈》(Halachah,
希伯來語音譯)，意為「規則」，講解經文中的律法、教義、
禮儀與行為規範，說明律法如何應用在現實生活中，具有較
高的權威性，文體莊重嚴謹。二為《阿嘎達》(Aggadah, 希伯
來語音譯，曾被誤譯為「哈加達」)，意為「宣講」闡述經文
的故事、寓意、逸事、傳奇，及奧祕的涵義等，亦受尊重，
但更有趣味性，因為它含有民間傳說、歷史學、考古學等方

面的內容，富有想像性和啟發性。

　　《米德拉什》是一部恢弘的、各種成分混雜的文獻，在時間上覆蓋了若干個世紀，在內容上則來源於龐雜的資料，其中有些是屬於中世紀的。在《米德拉什》中，拉比們將新的觀念引進猶太教中，並聲稱他們只是揭示那些早已存在經卷中之物。如：靈魂的觀念沒有在《塔納赫》中發現，但是卻出現在《米德拉什》中。上帝被談到和被接受的方式也改變了，在早期《塔納赫》的敘述中，上帝是在戲劇性的情景中向猶太先祖和摩西顯現。如：在燃燒的荊棘中或冒煙的山上。以後先知們被天使拜訪，或他們有時聽到體內發出神對他們講話的聲音。在《米德拉什》中，上帝則以更為超越、很少擬人的方式出現。出現在這個世界和人類中的這位上帝被稱為「舍金納」。祂在創世時，為把忠誠、慈善和仁愛的行為帶給人類而來到地球上，但是由於人類的惡行，他又撤回天上，因為地球上已沒有祂居住之地。《米德拉什》有時把受舍金納之愛的保護描繪為一個閃閃發光的帶翅膀之物。《米德拉什》對於人們了解猶太教有重要的價值，它是猶太教的通俗性典籍。信奉猶太教家庭的孩子從小就要學習《米德拉什》。

《哈拉哈》

　　《哈拉哈》是猶太教口傳法規。本指《妥拉》中各種律法條文在實際生活中如何實行的說明，口傳下來構成《米德拉什》的一部分，作為猶太教徒日常生活的守則。後泛指猶

太教所有律法，包括《塔木德》中的律法規則。

《阿嘎達》

　　《阿嘎達》由猶太教拉比講解的《塔納赫》中各種傳奇、逸事、歷史、民俗故事和敘述性的佈道兩部分組成，口傳下來構成《米德拉什》的一部分。《阿嘎達》的基本內容約在西元2世紀固定下來，最早的單行本出現於8世紀。《阿嘎達》已成為保持猶太教傳統的一個文化讀本，也是向猶太兒童進行猶太史教育的一個課本。其體裁大都為宗教詩文、寓言和民間故事，屬於拉比文學。例如：《塔納赫》中關於亞伯拉罕童年的記載很少，猶太教士講解《塔納赫》時，經常穿插一些關於亞伯拉罕早年的傳奇故事，這些故事被稱為「阿嘎達」。「阿嘎達」慣用比喻或詩意風格，主張讓人歡娛，舒展身心，驅散疲乏。飽學之士往往在嚴肅的研究之後，任其想像力自由馳騁。這就是「阿嘎達」的魅力和有趣之處。《阿嘎達》內容的闡釋並不被認為是互相排斥的，同一句話可以被認為具有各種各樣的、甚至互不兼容的闡釋。它們可以同時存在，不必從中作出任何抉擇，因為人的拯救並不依賴於這個結果。對於猶太人來說，重要的事情是人們如何行動，而不是如何信仰。在猶太教會堂裡的祈禱詞有些出自《阿嘎達》，有些猶太教禮儀也出自《阿嘎達》。如，必須在一年一度的逾越節家宴上宣講的〈哈嘎達〉(Haggadah) 故事，突出了慶祝逾越節的主題：對獲得自由的一種慶祝。在《巴比倫塔木德》中30%

的內容出自《阿嘎達》。以下的故事就是一例。

有一次皇帝對約書亞‧本‧哈南亞(Joshua Ben Hana-niah)說：「我想看看你的上帝」。後者回答：「你不能看到祂」。「真的！」皇帝說，「我一定要見到祂」。到夏至時，約書亞讓皇帝臉朝著太陽，對他說：「抬頭看它！」皇帝回答說：「我不能」。約書亞說：「如果在太陽裡有一個惟一照顧上帝的僕人，受到祝福的是他。你不往上看，那你怎麼能想像出其之上的神聖存在呢？」

第四節　其他經典文獻

《次經》

　　猶太教經典中不僅包括上述正典之書，還有另一類書，稱為「不經之書」(Apocrypha)，意為「隱藏」或「不為人所知」)。居住在亞歷山大里亞的猶太人視這類書為正典，但居住在巴勒斯坦的猶太人則否認它們，認為它們沒有得到上帝的靈感。「不經之書」中有〈以斯德拉一書〉、〈以斯德拉二書〉、〈托比傳〉、〈猶滴傳〉、〈以斯帖補記〉、〈所羅門的智慧〉、〈便西拉的智慧〉、〈西錄書〉、〈耶利米書信〉、〈三少年之歌〉、〈蘇珊娜的故事〉、〈彼勒和大蛇〉、〈瑪拿西的禱文〉、〈馬卡比傳〉

（上下卷）等共十五卷。按其內容可分為歷史、小說、智慧文學、啟示文學、書信及禱文等。其中〈馬卡比傳〉（上下卷）為研究馬卡比時代極有價值的材料。現代許多學者把它們總稱為《次經》(Apocrypha)。

《偽經》

指上述正典之書和《次經》之外的其他古代希伯來文宗教書卷，因其書名、作者名屬假託，書中人物也假託《塔納赫》人物的名義，而被認為是《塔納赫》的模擬作品或偽仿作品，稱為《偽經》(Pseudepigrapha)。它大約出現在西元前200～西元100年之間，大部分已散失，流傳至今的只是一小部分，它們分為兩類：《巴勒斯坦偽經》和《亞歷山大偽經》。

《巴勒斯坦偽經》用希伯來文或阿拉米文在巴勒斯坦寫成，包括〈十二族長遺訓〉、〈禧年書〉、〈以賽亞殉道記〉、〈亞當與夏娃傳〉、〈所羅門的詩篇〉、〈耶利米的其他語錄〉、〈先知列傳〉、〈約伯之遺命〉、〈聖頌〉、〈以諾一書〉、〈巴錄啟示錄〉、〈摩西升天記〉和〈阿西加爾的故事〉十三卷書，分別以傳記體野史、詩歌、小說和啟示文學的形式寫成，內容大多是對《塔納赫》的補充和再創造。

《亞歷山大偽經》在埃及的亞歷山大里亞用希臘文寫成，共六卷，包括〈亞里斯提亞書信〉、〈西比路巫語〉、〈馬卡比傳三書〉、〈馬卡比傳四書〉、〈以諾二書〉和〈巴錄三書〉，內容分為宗教文獻、歷史書、哲學著作和啟示文學等。

　　《次經》與《偽經》在猶太教中被稱為《外經》，它們沒有一本對於以後的猶太教發展具有極大意義。因為拉比阿基巴在《塔木德》（〈散和德林〉10:1）中警告說：「任何閱讀所謂《外經》者，都不能分享來世。」

《七十子希臘文本聖經》

　　《塔納赫》最早的希臘文譯本，包括一些巴勒斯坦猶太學者沒有接受的作品，是西元前3～前2世紀，七十二位猶太學者應埃及國王托勒密二世之請，在亞歷山大里亞翻譯的，當時被稱為《七十子文本聖經》或《七十賢士譯本聖經》。它首先為不熟悉希伯來文的亞歷山大里亞地區猶太人使用，因此，亦稱《亞歷山大里亞本聖經》。西元1世紀流傳於巴勒斯坦，為基督教最初使用的《舊約聖經》，後被譯成多種文字，流布於全世界，現仍為希臘正教會的通行本。

《馬所拉》

　　《馬所拉》（*Masorah*, 希伯來語音譯），意為「傳統」，是猶太教根據《塔納赫》文句和讀音的口傳傳統寫成的《塔納赫譯注集》。西元前6世紀猶太人被擄往巴比倫後，開始形成這一傳統。為防止對《塔納赫》的篡改或刪節，連原文中的句數和字數都有計算，稱《塔納赫》原文共二三二〇三句。西元6～9世紀，一些專門從事編輯這些傳統著作的猶太學者被稱為「馬所拉學士」，經他們譯注和鑒定的《塔納赫》稱「馬

所拉本」，是具有權威性的版本，甚至被視為《塔納赫》原本
的善本。

《先賢箴言》

　　《先賢箴言》(*Pirgue Abioth*)，希伯來文原為"pinke abot"，
古代猶太教賢士言論集。賢士指著名聖哲、拉比或宗教領袖，
包括從摩西開始到希勒爾家族中的許多成員。此書內容是反
映猶太教宗教觀點的格言，如：「得美名者為真富，識《妥拉》
者獲永生」。原書被編入《密什那》第四卷內。近代學者認為
它是從倫理學角度探討猶太教口傳律法釋義的《密什那》小
品論文集。

《拉比拿單箴言》

　　《拉比拿單箴言》(*Aboth de Rabbi Nathan*)，猶太教典籍，
成書於西元6世紀《塔木德》問世後，由《先賢箴言》發展而
來，引證古代猶太教律法學者大量言論，論述猶太教的倫理
觀點。

《巴萊沓》

　　《巴萊沓》(*Baraitha*)為猶太教內不列入正典學說的統稱，
意為「典外之說」，主要指未曾列入《密什那》的坦拿學說，
流行於西元10～220年間。

第五節　拉比文獻

由猶太學者撰寫，以評注、法典、答問為主要內容的作品。它產生於中世紀，是猶太文獻中的一種獨特的文獻現象和形式。它的產生與猶太民族的獨特歷史緊密相連，並組成中世紀猶太文獻的最主要部分。

拉比文獻首先是由巴比倫的高昂開創，隨後逐漸擴大到所有猶太社團。其中心隨著猶太社團的遷移而遷移，中世紀結束前已遷移到東歐斯拉夫國家。

拉比文獻作品不計其數，作者數以千計，凡是猶太人居住的國家和地區都存在拉比文獻。拉比文獻大致分三類：

1.評注類：主要指對猶太經典的內容、來源、語義、涵義進行注釋、評論的作品。

2.法典類：主要指猶太人在散居期間，根據變化了的形勢制定出的準則或義務，以規範約束人們的生活、行為的作品。

3.答問類：主要指解答猶太人在日常生活中碰到的或是與猶太傳統、教義、習俗相悖的問題；或是人們想進一步了解的有關猶太經典、文化、傳統方面問題的作品。這些作品大多出於猶太拉比之手，故冠之以拉比文獻。

拉比文獻是經典猶太文獻的繼承和發展，其主題和風格與《塔納赫》、《塔木德》文獻一脈相承。儘管它是以宗教為

中心，以猶太教所關注的問題為主要內容。然而，由於猶太
文化的一貫傳統，猶太人在闡述其宗教觀或具體教義時大多
不是以抽象的條理、法則，而是以一系列優美的故事、傳說
等為載體。這些從宗教出發的評注、法典、答問便成為猶太
文獻寶庫中一個有機的重要組成部分。至今仍然是那一時期
豐富多彩的猶太生活最主要、最生動的形象體現。加上這些
作品大多出於猶太文士之手，無論在內容安排、語言運用，
還是意境的體現上都達到了較高的水平，具有永久的藝術魅
力。

　　拉比文獻主要活躍於中世紀。18世紀中葉開始的猶太啟
蒙運動極大地改變了猶太人對外部世界的看法和對本民族前
途的觀念。猶太人的生活開始從以宗教為主向以世俗為主過
渡，以宗教生活為基礎的拉比文獻也因此逐漸沉寂下去，最
後終為新的文獻形式所取代。

　　最著名的拉比文獻著作是：

《律法之書》

　　《律法之書》(*Sefer Hathalachot*)係研究《塔木德》律法
的彙編，由11世紀著名《塔木德》評注家伊薩克‧本‧雅各‧
阿爾法西 (Rabbi Issac Ben Jacob Alfasi, 1013～1103) 所著。全
書主要用阿拉米文寫成，部分章節使用了阿拉伯文。《律法之
書》實際上是《塔木德》的縮寫本，因而有「小塔木德」之
稱。書中略去了《塔木德》對《阿嘎達》的所有評論，濃縮

了對《哈拉哈》的討論，只集中討論適宜於作者所處時代的
宗教律法，排除了其他，如：獻祭禮儀等的誡律。它的另一
特點是對那些《塔木德》中未曾進行專項討論，卻被多次提
及的有關律法進行梳理、歸納、最後集中起來，冠以「次要
律法斷案」的標題，使人們明瞭在碰到這類問題時如何依法
行事。書中還根據作者對法典的精深理解，突出作者對《巴
比倫塔木德》各項裁決的觀點，使作品帶有鮮明的時代感，
更有利於為同時代人所接受。自它問世以來，一直被看成是
猶太教法典的一部經典之作，作為中世紀猶太學者斷案的一
種標準，長期指導猶太人的生活，並成為後人對《塔木德》
進一步研究的新起點。

《托薩佛特》

　　《托薩佛特》(Tosafot, 希伯來語音譯)，意為「增補」、「附
加」。是一部解釋和評注《巴比倫塔木德》的辭典式著作，其
中包括中世紀猶太學者對《塔木德》的三十個段落所做的系
列評注，成書於12～14世紀的著名美因茨猶太經學院。

《密什那·妥拉》

　　《密什那·妥拉》(Mishne Torah)亦稱《第二律法》或《強
壯的手》，是摩西·邁蒙尼德對整部《密什那》所寫的第一部
綜合性評論集，是囊括整個猶太律法領域的經典之作。此書
以阿拉伯文寫成，13世紀末譯成希伯來文。邁蒙尼德稱：除

了他自己這部著作之外，猶太人不應該再從其他任何書中得到諮詢。

《舒爾漢·阿路赫》

　　《舒爾漢·阿路赫》(*Shulhan Arulch*, 希伯來語音譯)，意為「擺好的餐桌」，為約瑟夫·本·卡羅在薩法德所作。此書是一部猶太教禮儀和律法大典，比《密什那·妥拉》更為簡明和富有總結性，不僅體現在資料方面而且包括倫理評論及對規則的解釋方面。全書條理明晰、易於接受，分為四部分。

　　1.生活之路：講猶太人每日的責任，如：神聖禮拜、安息日、節日、齋戒……。

　　2.知識的教導：主題中有屠宰法、飲食法、悲哀、尊敬父母教師的倫理責任、慈善、《妥拉》經卷和美祖扎赫。

　　3.幫助的基石：介紹有關婚姻的所有方面。

　　4.審判的胸甲：論民法。

　　此書自1564年出版以來，一直受到猶太教徒的重視。時至今日，正統派猶太教徒仍把它看成權威法規。

第五章

猶太教教派

除了宗教教派之外，世界上還有許多世俗猶太人。
他們對猶太教有不同的認同方式。
一些世俗的猶太人在年齡漸漸變老時，
或者尋求自己的根源時，越來越愛研究猶太教。
許多人發現自己已回歸猶太人的觀念與信仰，
即使他們未曾回到自己祖先的猶太教活動中。

בראשית

第一節　古　代

古代的猶太教教派主要有撒都該人 (Sadducees)、法利賽人 (Pharisees)、奮銳黨人 (Zealots)、艾賽尼人(Essenes)和特拉普提派(Therapeutae)。

撒都該人

希臘語音譯，此名源自大衛時期的大祭司撒督。西元前2～西元2世紀猶太教內的一個派別，主要由祭司、貴族和富商組成。撒都該人尊奉《妥拉》，在宗教上嚴守猶太教教規，但與法利賽人不同，他們不相信口傳律法，也不信靈魂永生和肉體復活。哈斯蒙尼王朝建立後，撒都該人效忠該政權，享有管理耶路撒冷聖殿的特權，著重從該政權利益出發解釋《妥拉》，後為保持自己在社會上的地位，屈從羅馬統治。

法利賽人

希臘語音譯，意為「分離」。西元前2～西元2世紀猶太教內的一個派別，主要由猶太教文士和律法師組成。法利賽人在政治上代表在野的、嚴謹保守的宗教集團，反對希臘化，擁護馬卡比起義。他們後來對羅馬統治採取不合作態度，但也不積極反抗，寄希望於彌賽亞的來臨。他們最關心的是宗教而不是政治，他們屈從於羅馬政權，只要它不干涉他們的

宗教生活。他們強調維護猶太教傳統和猶太人生活規範，主張與異己者嚴格分離；相信靈魂不死、肉身復活、神罰、天使、精靈的存在。他們認為上帝給摩西的律法是雙重的，包括成文和口傳兩種。成文律法《妥拉》是對人的神聖啟示，但它還須以先知的教誨及歷代相傳的口傳律法作補充，並由之作出解釋，人應該用上帝賦予的理性解釋《妥拉》。因此，他們不盲從於《妥拉》中的文字。當理性與良知相抵觸時，他們能很容易地使《妥拉》的教誨與自己的思想相協調，或者發現這些思想正是《妥拉》所暗示和隱含的意義。他們在解釋律法時，總是著眼於其精神，隨著時光的流逝，不斷賦予每條律法新的、更易為人接受的意義。西元70年耶路撒冷聖殿被毀後，由於他們的努力，使猶太教繼續長存於世，並不斷向前發展。

奮銳黨人

　　古代後期猶太教派別之一，又稱「狂熱派」、「熱心者」，由社會下層的猶太無產者、貧苦手工業者和小商販組成，「奮銳」意為「態度奮勇、行動敏銳」。他們在宗教觀點上，與法利賽人一致，強烈盼望並宣傳彌賽亞的來臨；但在政治上卻與法利賽人截然相反，認為接受羅馬統治就是背叛上帝，堅決反對羅馬人的統治，主張用武力從羅馬統治下爭取自由。他們視己為猶太律法與猶太民族生活的捍衛者，從希律王統治到耶路撒冷城最終陷落時期，先後在加利利和耶路撒冷開

展活動，影響和作用非常顯著。由於其左翼激進成員常在衣下藏有一把匕首或短刀，因此也被稱為「西卡尼」（拉丁文為「持匕首者」）或「短刀黨」。這些成員常在一些公共場所或聚會中，用匕首刺殺那些親近羅馬人的反動派。西元6年，他們在加利利地區堅決抵制羅馬人為提高徵稅而進行的人口普查。西元66～72年他們是猶太戰爭的中堅力量，聲稱：這是光明與黑暗、善良與邪惡之間的殊死戰鬥。西元132～135年的猶太大起義領袖巴爾·科赫巴就是奮銳黨人的後代。

艾賽尼人

　　古代後期猶太教苦修派別之一。其名稱來源不詳，根據希臘文，可能意為「虔誠者」。其成員主要是以農牧民為主的社會下層人民。他們經濟地位低下，信仰虔誠，是馬卡比起義的主要力量。起義勝利後，他們的經濟地位並沒有改善，反而受到當權者的壓迫。他們因悲觀失望而成群地避居於死海沿岸的偏僻山地，建立互助集體社團，過著清貧淡泊的集體勞動生活。他們嚴格禁欲，注重虔修祈禱，殷切盼望彌賽亞的降臨。他們對猶太教特權者和希臘、羅馬政權的統治者懷有強烈的反抗情緒。此派組織嚴密，加入者需經一年的考察期，然後舉行正式的入會儀式，包括宣誓和行潔淨禮。誓詞包括：對上帝虔誠如一、對人公正、憎恨邪惡、維護正義、生活簡樸、不求奢華、不存非分、不偷竊、不隱瞞、不出賣兄弟等。許多學者認為本世紀在死海附近庫姆蘭山區發現的

《死海古卷》與之相關。

特拉普提派

　　特拉普提派意為「治癒者派」，是一個同艾賽尼派相似的猶太教苦修派別，但成員屬於上層社會。關於此派的有限資料，被認為出自斐洛所著的《論默念沉思生活》一書。但一般認為此派在西元1世紀活躍在埃及亞歷山大里亞城郊的馬里奧提斯湖畔。此派的紀律和生活方式極為嚴明。其成員自從加入社團之後，不再屬於世界，完全自願地把財產交給繼承人。平日，成員們分居在一個個獨立分隔的房子裡，可以互相照顧，卻不能干涉各自的獨立。每個房子裡都有一個專供學習和祈禱的聖所。成員們將智慧視為主要尋求的目標，都以全部熱情投身於祈禱和研究中。他們每日分別在早晨和黃昏做一次祈禱，其餘時間用來精神修煉，閱讀《妥拉》。他們認為《妥拉》上面的文字是某種隱祕潛藏的象徵符號，從中可以尋找到智慧，因此努力探索這些暗藏的祕密教條和靈意。他們也閱讀教派創始人的著作，它們都以寓言的方式對《妥拉》進行解釋。他們還用不同韻律和節奏創作了一些獻給上帝的「新讚美詩」。在一週中六天，他們各自獨立生活，以尋求智慧。凡涉及身體需要之事，如：飲食等，完全在黑暗中進行。許多人兩天才進食一次，一些人甚至在週末才進食，並嚴格禁酒、禁肉。到安息日他們就在一個公共場所聚會，聆聽教派中對律法和教義了解深入的人士宣道，然後共

同進餐。主要吃粗麵包，上面撒上鹽和聖水。此派尊重"7"這
個數字和"7"的平方，但是最為神聖的數字是"50"，因此每當
到了「第50天」這個節日，他們就舉行通宵達旦的慶祝活動，
包括講道、唱聖詩和進餐，然後是神聖的守夜祈禱等。

艾賽尼派、特拉普提派，這兩個相信靈肉可以分離的禁
慾主義宗派對於以後猶太人的生活都未留下持久的影響，但
他們的半修道院式的社團組織形式，卻為後來的基督教修道
體系提供了最早的原型。

第二節 中世紀

卡拉派

中世紀新興的猶太教派別。「卡拉」是希伯來語「誦讀」
之意，因此卡拉派(Karaism)亦被稱為「精讀《塔納赫》派」，
其涵義為「恪守經文主義」。最早出現於8世紀，由猶太學者
便雅憫·納哈文迪（Binyamin Nahawend, 9世紀）首先使用。
卡拉派是在批判拉比猶太教的運動中形成的。他們譴責拉比
們曲解猶太教的教義，斥責他們蔑視《妥拉》的許多誡律，
用無數混亂不堪的注釋破壞《妥拉》固有的純潔性。他們只
承認《塔納赫》的權威，拒絕《塔木德》的合法性，主張猶
太教的一切教義和習俗都應以《塔納赫》為準則。他們把《塔
木德》看成是人為的產物，不能與上帝直接啟示的《妥拉》

相比，因而拒絕在日常生活中遵照執行。在習俗傳統上，他們主張復舊。

　　儘管卡拉派自認為其基本思想存在於第二聖殿時期的一些派別中，如庫姆蘭社團、特拉普提派，以及其他一些非法利賽派、非撒都該派團體，但大多數歷史學家傾向於把卡拉派運動的開端定在西元8世紀，由阿南·本·大衛 (Anan Ben David) 創立。阿南生於波斯，青年時代已表現出不贊成拉比猶太教的觀點。他只承認《塔納赫》的權威，而拒絕《塔木德》的合法性。西元761年，其在巴比倫擔任猶太社區領袖的叔父去世，他原打算繼承叔父的職位，然而巴比倫的高昂卻不允許這位敵視《塔木德》的人繼承這個職務，還將他逮捕、處以死刑。他逃出巴比倫，來到巴勒斯坦，在耶路撒冷建造了猶太教會堂，開始向拉比猶太教宣戰。他譴責拉比們用《塔木德》曲解猶太教教義，試圖以眾多的誡律和無數混亂不堪的評注破壞《妥拉》固有的純潔性。770年他根據《塔納赫》推衍出的律法法典，為其信徒撰寫了《訓誡之書》(*Sefer ha Mitsvot*)，抨擊《塔木德》和依靠《塔木德》行使權威的拉比。他提出的著名口號是：「認真研讀《妥拉》，不要相信我的意見！」以此確定《塔納赫》的最高權威。對於各種猶太教習俗，他也提出了與拉比猶太教不同的觀點，主張恢復早已廢除的誡律，號召人們回到《塔納赫》時代去。他帶頭廢除4世紀中葉以來一直沿用的猶太曆法，重新使用根據對月亮和農業現象觀察確定的古老曆法，改革拉比猶太教制定的有關安息日、

節日、婚姻和禁食等方面的規定。如：重新規定所有節日都必須固定在猶太曆的某一日期，連猶太新年也不例外。

　　儘管阿南的思想在當時的猶太教內部造成了分裂，但其積極作用是促進人們重新認真地研究《塔納赫》，努力尋找可靠的《妥拉》文本，終於導致著名的馬所拉《塔納赫》文本確定，使《塔納赫》中每個字的拼寫、讀音以及各節朗讀方法都有章可循，避免了極有可能發生的《塔納赫》文本混亂現象的出現。阿南死後，其門徒定居在耶路撒冷，繼續宣傳他的觀點，逐漸形成卡拉派。

　　西元9世紀中葉，在巴比倫和波斯的卡拉派猶太教徒掀起了一場返回耶路撒冷居住、紀念第二聖殿運動。10世紀，耶路撒冷的卡拉派社團無論是在規模上，還是在影響上都超過了當時的耶路撒冷拉比社團。1099年十字軍的入侵使得卡拉派社團遭到毀滅。13世紀，卡拉派再次復興，湧現出許多卡拉派學者和哲學家，並於14世紀末傳入俄國和波蘭，後來的沙皇政府，雖然對猶太教有種種歧視，卻對卡拉派網開一面。1540年，卡拉派教徒曾在希伯崙短期定居。18世紀中葉，卡拉派社團再次在耶路撒冷出現，並建造了自己的猶太教會堂。以色列國成立後，約二千名卡拉派教徒遷出埃及，在以色列的阿什杜德、比爾謝巴等地落戶。如今在土耳其、立陶宛、北非、東南歐等地，仍有卡拉派教徒。

第三節　近現代以來

　　近現代以來，世界上的猶太教會眾大致分為正統派 (Orthodox)、改革派(Reform)、保守派(Conservative)、重建派(Reconstructionism)四個派別及世俗猶太人(Secular)。

正統派

　　是猶太教中最大的群體，自視為惟一真正的猶太教。此派確信整部《妥拉》是上帝在西奈山上賦予摩西的，許多人依照約瑟夫·本·卡羅的猶太教律法典集《舒爾漢·阿路赫》的規定，嚴格遵守《塔納赫》律法和猶太教傳統習俗、禮儀。此派猶太人整日戴著「卡巴」(Kippah, 一種小圓片帽) 或「亞姆路克」(Yarmelke, 無沿、絨製室內便帽)，每日做三次祈禱，認真學習《妥拉》，強調科謝爾飲食法，嚴格遵守安息日禁止點火、熄燈、乘公共汽車、抽煙、攜帶錢款、從事各種勞動的規定；每週六早上參加猶太教會堂的禮拜活動，男女都必須蒙頭，並要分開坐，用希伯來語祈禱和誦讀本週應讀的《妥拉》部分。此派非常注重教育，在特殊的猶太教區學校培訓自己的孩子。這些學校不僅教授公立學校裡必修的全部課程，還教授希伯來語和阿拉米語，及《塔納赫》、《塔木德》、猶太史、祈禱書等猶太教課程。教徒們視拉比為律法教師和闡釋者，對他們懷有很高的敬意。那些準備做拉比的學生在耶希

瓦學習。此派婦女可以不參加正規的祈禱活動，也不被鼓勵
學習。她們的職責是操持家務，奉養家庭。此派主要分布在
美國、以色列。

在美國，正統派分為極端正統派、現代正統派、哈西迪
教派(Hasidim)三個支派：

極端正統派

是猶太教內的基要派。其思想還停留在中世紀，認為上
帝親自在西奈山授予猶太人律法、並決意顯示自己，因此《妥
拉》是神聖的、絕對權威的，是上帝自有永有、無可改變的
啟示，是不可更改的。除遵守《妥拉》外，還要遵從拉比法
庭依照猶太教律法所作的裁決。要按猶太教規定自辦學校，
嚴格遵守猶太教飲食規定。在猶太教會堂禮拜時，男女都要
蒙頭，分開來坐，並用希伯來語作祈禱，在禮拜中不使用樂
器。嚴守安息日和一切聖日的禮儀。反對一切現代事物，包
括成立以色列國，篤信彌賽亞將復臨，拯救以色列人。

現代正統派

即新正統派，今日美國大部分正統派猶太教徒均屬於此
派。此派出現於19世紀末，它反對東歐湧起的猶太教改革運
動，認為這是對猶太教的背叛，為此重申猶太教傳統信仰和
禮儀，但在尋求保持猶太教傳統經典的同時，也對某些教義
作了調整。隨著大批猶太人移居美國，以拉比參孫·拉菲爾·
赫爾許 (Samson Raphael Hirsch, 1808～1888) 及以色列·希
爾德夏默 (Ezriel Hildesheime, 1820～1899) 為代表的此派領

袖，主張猶太教根據現代世界的變化進行調整是必要的，只要它不與《妥拉》律法發生衝突。鼓勵猶太人投入到當代西方世界的文化中，容納現代科學，接受世俗教育，發展哲學思想。同時也堅持猶太教信仰與傳統，認為成文律法《妥拉》和口傳律法都是權威的、傳之萬代而皆準的經典，是教徒生活的惟一準則。猶太教的六一三條誡律，一條也不能少，也不能多，否則就是異端。此派遵守安息日和各種節期，強調猶太教飲食禁忌和《妥拉》中關於個人與家庭的倫理道德規定。與極端正統派不同，此派積極支持猶太復國主義。在習俗方面，允許教徒著現代服裝、禮拜時使用現代通用語言、男子不必留鬚、穿黑衣、帶黑帽，婦女不必帶假髮、蒙頭等。

哈西迪教派

是猶太教中的超正統派 (the Ultra-Orthodox)，一個神祕主義教派，由以色列·巴爾·謝姆·托夫在波蘭創立。此派類似古代猶太教的敬虔派，教徒往往聚居在一處，生活在與非猶太人世界隔絕的環境裡，也不與其他猶太人交往，在生活的每一個方面都極其嚴格地遵守猶太教律法。穿著打扮方式與他人鮮明有別，其特徵是男子多蓄鬚、穿黑色外套、戴黑色寬檐帽；已婚婦女剃光頭，帶假髮或用頭巾、帽子蒙頭。教徒們崇奉一個能通神靈的聖徒領袖，稱之為「柴迪克」。禮拜時多唱聖詩、縱情歌舞，直到達到狂熱，認為只有這樣，才能與上帝靈交。此派堅信彌賽亞復臨，反對猶太復國主義。此派在全世界有許多小派別，每個派別由它自己的「來比」

或「柴迪克」領導，在美國的路巴維奇派 (Lubavitch) 和撒特馬爾派 (Satmarl) 特別有影響。

　　在今日以色列，猶太教正統派占絕對統治地位，擁有很大的權力，它通過以色列大拉比院發揮影響。

改革派

　　近現代出現的一個重要的猶太教派別。此派主張對猶太教進行改革，以適應現代社會和思想的需要；強調應放棄在宗教文化上造成猶太人與世隔絕的一切東西（包括猶太教傳統的律法、規則、禮儀、習俗等）；不承認長期以來被正統派奉為權威的《妥拉》和《塔木德》經典中的許多規定和禮儀，認為這並非是上帝的直接啟示；提出在宗教思想上沒有任何不變的真理，凡是真理必須受人們理性的檢驗。此派在猶太教信仰活動中盡可能地現代化，通常不是在安息日，而是在週五的傍晚或週日作禮拜；禮拜時間也相應縮短；禮拜時男女不蒙頭、不分坐，一家人的專用包廂式座位取代了性別隔離；在大多數禮拜儀式上使用管風琴，伴以男女混聲唱詩班；使用本國語言祈禱，偶爾採用希伯來語翻譯；祈禱時不出聲或儘量小聲。在生活習俗上取消飲食禁忌和不合時宜的服飾，很少有人按《塔木德》的規定過安息日或履行每日祈禱次數。其子女上完公立學校的課後，每週下午和週日要到此派宗教學校學習。

　　最初改革派不贊成猶太復國主義，主張各國猶太人之間

只是信奉同一宗教，沒有其他關係。但在第二次世界大戰中，由於德國納粹對歐洲猶太人的大屠殺，此派態度開始改變，在物質上、道義上支持受迫害的猶太人，支持猶太復國主義。此派在美國和歐洲最為普及，一直生氣勃勃，充滿革新精神，在信仰對話領域中始終保持主動。

18世紀法國大革命後，西歐猶太人得到解放，這為猶太人帶來公民的平等權利、新的自由和適合於世俗社會的新機會，使猶太人的社會地位有了很大改善，猶太教改革運動應運而生。它最初始於德國的啟蒙運動——哈斯卡拉運動，其領袖為摩西·門德爾松。摩西·門德爾松強調猶太教中的宇宙性宗教原則、理性與進步；主張猶太教不應拘泥於傳統的律法和禮儀，而應接受現代科學文化與生活方式；認為律法應順應時勢而進行變革。他還主張政教分離。

摩西·門德爾松去世後，猶太教改革運動逐漸變得極端化。為滿足具有自由思想的猶太人的需要，雅各布遜 (Israel Jacobson, 1768～1828) 於1801年在德國布倫斯維克改革猶太教禮拜儀式，准許男女混坐，設立唱詩班，用風琴伴奏，祈禱和佈道不用希伯來語而用德語，並以男女少年的堅振禮代替了傳統的男童成年禮，還把禮拜中有關彌賽亞的詞句一律刪除。1815年雅各布遜到柏林主持改革禮拜後，改革派的儀式傳到丹麥、奧地利、捷克斯洛伐克等地。此後，塞繆爾·霍爾德海姆拉比 (Sammuel Holdheim, 1806～1860) 又進一步簡化了改革派的禮拜儀式，祈禱者不用再蒙頭，猶太教徒不

再有任何食物禁忌，還取消了許多《塔木德》規定的限制。其後的改革派領袖亞伯拉罕・蓋格 (Abraham Geiger, 1810～1874) 為增強猶太教的吸引力，提出：信科學的人不能再接受把《妥拉》啟示作為事實和禁律，應鼓勵在禮儀和崇拜活動中的變化；應拋棄猶太飲食法，用希伯來語誦讀的祈禱詞應改用當地語言來誦讀。1843年猶太教改革派領袖們開會並發表了宣言，從此猶太教改革派正式形成。宣言內容為：(1) 猶太教是不斷發展的宗教；(2)《塔木德》對現代人沒有約束權威；(3) 不尋求彌賽亞降臨，猶太人生活的國家就是他的祖國。

　　19世紀後期，移居到美國的歐洲猶太人把猶太教改革派帶入美國。在伊薩克・梅耶・懷斯拉比 (Issac Mayer Wise, 1819～1900) 的領導下，此派在美國迅速發展。懷斯一生致力於對猶太教進行改革，使具有數千年歷史的猶太教更適應現代生活的發展和變化。他創立了美國猶太教改革派三大組織與機構：美國希伯來大會聯盟、希伯來聯盟學院和美國拉比中央會議，另主編《美國以色列人》刊物，使美國改革派運動生氣勃勃。他先後將紐約和辛辛那提原來的正統派猶太教會堂改為改革派會堂，又在南卡羅來納州的查爾斯頓建立了改革派基地。他於1875年建立了改革聚禮會組織之後，又在辛辛那提建立了美國第一個改革派拉比學院 —— 希伯來聯盟學院 (Hebrew Union College)。希伯來聯盟學院是當時美國培養改革派拉比最重要的猶太神學院。

　　1885年，美國猶太教改革派通過了〈匹茲堡宣言〉，強調

猶太人只是一個宗教團體，而不是一個民族社團；猶太教改
革派信仰的是理性的宗教，其道德規範適合於未來的發展。
1889年，美國猶太教改革派拉比組織——美國拉比中央會議
成立。由於美國開放的社會和高度發展的現代化生活方式，
猶太教改革派在美國發展很快。到19世紀末，猶太教改革派
人數已超過猶太教正統派，在美國猶太人中占多數。進入20
世紀後，猶太教改革派中的一些激進的信條被進一步修改，
變得更加溫和。1937年，在史蒂芬·懷斯博士 (Dr. Stephen S.
Wise, 1874～1949) 和西爾弗 (Abba Hillel Silver) 等人領導
下，改革派拉比發表了〈哥倫布綱領〉，提倡恢復傳統習俗和
儀式，主張用希伯來語做禮拜，在社會活動中支持反對種族
歧視和民權運動，第二次世界大戰後已代表了美國猶太人中
最開放的階層。20世紀後半葉，美國拉比中央會議繼續討論
如何更好地繼承改革運動精神，發行適合時代的新祈禱書，
並研究子女有無配偶參加猶太教會、婦女在會堂的地位、婦
女可否擔任拉比、如何對待同性戀等問題。現已有一些婦女
擔任了改革派的拉比。目前，改革派猶太教徒主要集中在美
國和西歐，約一百二十萬人。與歐洲改革派一樣，美國猶太
教改革派內部也有溫和派和激進派之分，一些極端派別遠比
歐洲改革派更為激烈地反對傳統，但多數人屬於溫和的改革
派。

保守派

　　介於猶太教正統派與改革派中間的派別，源自猶太教改革派。19世紀由薩巴塔・莫萊司 (Sabata Morais, 1823～1897) 創立，作為針對猶太教改革派極端行為的一個反應。1885年，在匹茲堡舉行的美國拉比大會 (The Conference of American Rabbis) 上，莫萊司和其他人被猶太教改革派領袖們的過激行為震驚。為保持猶太教傳統，他們在紐約創立了美國猶太教神學院 (Jewish Theological Seminary of American)，後由著名猶太學者所羅門・謝希特 (Solomon Schechter, 1847～1915)❶擔任院長，使這所神學院自成立以來一直是美國猶太教保守派的重要基地、培養美國猶太教神職人員的學府和研究猶太教的中心。保守派不公開鼓勵婦女多學習，迄今為止沒有任何婦女被允許在這所神學院裡學習拉比項目課程。

　　猶太教保守派與正統派不同。正統派認為所有猶太教律法都是上帝在西奈山上授予摩西的。保守派原則上基本接受猶太教律法，但認為宗教的意義不在於拘泥形式而在於領會實踐其精神；儘管《妥拉》是上帝在西奈山上授予摩西的，但它不是永恆不變的真理，因為現實情況在不斷變化，對過去誡律的認識需要不斷調整，對來自拉比口傳律法的《塔木德》更應靈活處理，變通實行。為此，保守派非常關心對《塔

❶　所羅門・謝希特，世界著名猶太教學者、《塔木德》經典考證家、美國猶太教保守派領袖。

納赫》和拉比資料的研究。保守派對彌賽亞的看法也與正統派不同，認為重要的是在地球上建立公義，而不在於出現一個救世主。猶太教保守派在宗教思想上與改革派相同，主張協調猶太教與現代科學的關係，在堅持傳統信仰的前提下變革律法，以適應時代的要求，但反對在改革過程中拋棄猶太傳統和猶太教精髓。保守派特別重視的一項原則是把猶太宗教與猶太文化、猶太民族結合起來，從文化角度支持猶太復國主義。

保守派仍重視猶太教傳統禮儀、習俗的象徵意義，堅持男嬰應受割禮、若干飲食禁忌仍需遵行、猶太節期必須遵守、在安息日前家中要點蠟燭等。保守派猶太人參加週六早晨猶太教會堂的禮拜，誦讀本週《妥拉》部分；禮拜時可以希伯來語、英語或其他地方語言並用。保守派強調每日祈禱三次的重要性，要求男人在祈禱時頭戴「卡巴」（有些人像猶太教正統派教徒一樣，整日戴著卡巴）或「亞姆路克」。他們一般把孩子送進正規的公立學校學習，每週平日下午和週日再讓他們到宗教學校上幾堂課，學習希伯來語和《塔納赫》等猶太教知識。

重建派

源自猶太教保守派，是四個猶太教派中最年輕的一支，是一個小型教派。重建派與保守派關係密切，然而在思想和哲學中，二者的差距很遠。

　　20世紀20年代，美國猶太教神學院教授毛德海·卡普蘭 (Menaheim Morderchai Kaplan, 1881～1984) 在保守派內部興起重建主義運動。他稱猶太教是一種不斷演進的宗教文化，是一部逐漸伸展開的宗教文明，並非猶太人生活中的一個孤立部分，因此僅把它作為一種宗教奉行是不夠的，必須研究和體驗整個猶太教文化。他強調猶太教既是宗教，又是文化，是猶太民族的主要標誌，要了解猶太教，首先要了解猶太人的歷史；所以他主張學習和使用希伯來語，從道德與文化傳統出發，弘揚猶太民族主義。他給予宗教、倫理和文化以同等的重要性。他感到猶太教需要的不是小小的變化，而是為各時代的一種「重建」。他將猶太教、猶太文化及民族主義融為一體，積極擁護猶太復國主義。他的主張在美國猶太人中影響廣泛。在美國的很多城市裡，有為數眾多的猶太人社團中心根據他的理想與主張建立起來，重建派得以形成。重建派堅決支持以色列，把它看作猶太文化的故鄉。重建派猶太教徒一般把孩子送到公立學校，每週平日下午和週日讓他們在宗教學校學習希伯來語和猶太教知識。準備當拉比的學生要進一個特殊的學院學習。1974年，一個女學生從重建派學院畢業成為拉比。

　　除上述派別之外，全世界還有一些較小的猶太教派別，由於地理位置孤立隔絕或不同的宗教實踐形式，而游離於主流之外。他們中有埃塞俄比亞的法拉沙人——黑色埃塞俄比亞猶太群體，人數在一萬五千人至二萬五千人，其猶太教信

仰與活動形式可以追溯到西元1世紀。其他較小的、形式不一的猶太群體還曾存在於印度和中國。

世俗猶太人

　　除了上述宗教教派之外，世界上還有許多世俗猶太人。他們對猶太教有不同的認同方式。其中某些人可能會感到與以色列國有一種聯繫，但這並不是他們生活中的一種強烈驅動力；某些人可能感到與他們的猶太宗教有某種聯繫，在猶太教的至聖日——新年和贖罪日——會參加宗教活動，但是他們不屬於一個猶太教會堂或宗教團體。一些世俗的猶太人在年齡漸漸變老時，或者尋求自己的根源時，越來越愛研究猶太教。許多人發現自己已回歸猶太人的觀念與信仰，即使他們未曾回到自己祖先的猶太教活動中。世俗猶太人平日不去猶太教會堂，只在主要的猶太教節日去猶太教會堂參加宗教活動。

第六章

猶太教制度

在耶路撒冷聖殿時期,猶太教的主要宗教禮儀是祭禮。
猶太人以獻祭為仲介,向上帝雅赫威提供犧牲,
溝通了他們與上帝的聯繫,
同時也表達了他們對上帝的敬畏、熱愛與崇拜,
還減輕了他們對自然與社會的恐懼感和負罪感,
達到心理上的平衡與安寧。
這種聖化的獻祭行為是至聖的象徵,
將影響整個猶太民族與個人的命運。

בראשית

第一節　建　制

聖殿

參見本書第十章第一節之「耶路撒冷聖殿」。

祭壇

猶太教祭祀臺，是猶太教徒奉獻犧牲的地方。早期並無固定的場所，堆一堆土或石頭即成，後來隨著聖所的固定，祭壇的形式產生變化，一般用石頭或磚頭砌成，有時也用木材或金屬製造。同時，祭壇 (Altar) 的置放地點也由野外搬進聖所中。

法版

兩塊刻有希伯來文字母的石版，是〈摩西十誡〉的縮寫。據《塔納赫》記載：摩西在西奈山上度過了四十晝夜，上帝雅赫威「面對面」地向摩西傳達了以色列人當遵行的各種誡律。最後把兩塊寫有字的石版交給他，這是上帝親自寫好的法版 (Table of Testimony)。等候在西奈曠野的以色列人見摩西遲遲不下山，就讓亞倫鑄了一隻金牛犢，作為繼續引導他們的偶像。摩西下山時，看到以色列人圍著金牛犢狂舞亂叫時，非常憤怒和失望，把兩塊石版扔到山下摔碎了。此後，上帝要懲罰以色列人。摩西懇求上帝赦免以色列人，上帝吩咐摩西另外鑿出兩塊新石版，摩西又在西奈山等待四十晝夜，

上帝把十條誡律重新寫在石版上。約櫃造成後，法版作為上帝與以色列人立約的象徵被置於櫃中，約櫃和其內的法版就成為猶太教最神聖的聖物之一。

會幕

《塔納赫》記載，逃出埃及的以色列人在西奈曠野流浪時，為崇拜上帝雅赫威，遵照摩西指示，支起了一個舉行宗教儀式的帳篷。它以黃金包裹的木材作柱子，用細白麻布、羊絨、皮革作天頂，珍寶、美玉作裝飾。篷內安放著約櫃，並設有純金的七連燈檯、奉香臺和獻餅臺。會幕 (Tabernacle) 經摩西敷油祝聖後，只許祭司進入。

基路伯

天使種類之一。當上帝將亞當、夏娃逐出伊甸園時，基路伯 (Cherubim) 帶著火焰劍把守通往生命樹的道路（〈創世記〉3章）。《塔納赫》規定「要用金子錘出兩個基路伯來，安在施恩座的兩頭。這頭做一個基路伯，那頭做一個基路伯，二基路伯要接連一塊，在施恩座的兩頭。二基路伯要高張翅膀，遮掩施恩座。基路伯要臉對臉，朝著施恩座」。為此，在耶路撒冷第一聖殿至聖所內施恩座兩端，有兩座用橄欖木製成，黃金包飾、精雕細刻、高4.4公尺的基路伯像。

施恩座

猶太教聖物，立於約櫃外面，是上帝與摩西相會的地方。上帝在施恩座(Mercg Seat)的兩個基路伯中間，曉諭摩西要以色列人做的一切事。關於施恩座的製作方法，《塔納赫》中有

詳盡的規定:「要用精金作施恩座,長二肘半,寬一肘半……」。
耶路撒冷第一聖殿至聖所內安有施恩座。每年贖罪日,大祭
司獻祭後要進入至聖所,向雅赫威焚香,這時煙霧覆蓋施恩
座,大祭司把公牛犢和山羊的血灑在座前和四周,以示在約
櫃前滌除了自己和以色列人的污穢。

陳設餅

　　古代以色列人為供奉上帝而陳放在祭壇上的一種麵餅。
據說以色列人在曠野中流浪時便開始在聖幕內鑲有金牙邊桌
子上供奉陳設餅 (Showbread),後在耶路撒冷聖殿中沿續這一
傳統。陳設餅由麥麵做成,供奉時須同時擺放十二只,以代
表以色列的十二個支族,表示以色列人永遠與上帝相通。十
二只陳設餅要分兩排供奉在至聖所內用皂莢木製成的供桌
上,供桌四周飾以金邊;餅與餅之間放有三根金棒,使空氣
保持流通,以防止陳設餅在供奉期內變質;陳設餅每週更換
一次,每次更換的時間為安息日前,撤換下的陳設餅由祭司
分食。供奉陳設餅旨在表達猶太人對上帝恩惠的承認與感謝。
隨著第二聖殿被毀,猶太人被趕出家園,猶太教逐漸放棄這
一習俗。

猶太教會堂

　　猶太教會堂——Synagogue,取自希臘詞彙"Synagoge",
意為「一個聚會的地方」,是希伯來語 Bet Hakeneset 的譯文。
猶太教會堂是猶太人進行公共祈禱、慈善、文化、娛樂活動

和研讀經書的場所，是猶太人的宗教、教育和公共事務管理中心。

　　無人知曉猶太教會堂的建制是從什麼時候發展起來的。據傳，它最初出現於西元前3世紀的巴勒斯坦，但許多學者認為它源自巴比倫時期。西元前586年，耶路撒冷城陷、所羅門聖殿被毀、猶太人被擄往巴比倫，淪為「巴比倫之囚」。失去故土與聖殿，又沒有領袖人物的猶太人，自行組織起來，每逢安息日按時集合，聽人讀《妥拉》、《先知書》等經典。有時一起唱〈頌讚詩篇〉、捐款救濟貧困者，以加強宗教信仰和民族團結友愛精神，這些聚會場所逐漸演變成猶太教會堂，成為猶太教宗教生活的重心所在。

　　西元前538年，猶太人從巴比倫被釋歸巴勒斯坦後，重建耶路撒冷聖殿，但依然建造猶太教會堂。會堂由財力雄厚的社團成員掌管，為首者也是會堂的主持。會堂擁有自己的金庫、財產和收入，從事慈善事業。會堂中人們誦讀聖典、宣講經文、進行祈禱，但不舉行獻祭。會堂也成為文士詮釋、研究《塔納赫》的場所。西元70年羅馬人焚毀耶路撒冷聖殿後，猶太人的獻祭活動和祭司制度也隨之中止。經常聚在一起的猶太人以向上帝說出代表心裡話的祈禱詞，來代替向聖殿供奉犧牲。他們在猶太教會堂裡聚會，在這裡誦讀《妥拉》、集體禮拜、簡單祈禱，以小小的儀式直接朝向上帝。禮拜活動是民主的，不像祭司時代那樣。

　　伴隨著猶太教會堂興起的還有「拉比」這樣的人物。拉

比在猶太人的傳統意識中不是祭司，而是教師、宗教決議制定者、禮拜儀式祈禱詞的創造者。拉比的責任是向聚禮會眾灌輸信仰，作出有關猶太人律法問題的決定。祈禱活動常常由一位哈贊 (Chazzan, 意為「領唱者」) 而不是一位拉比引導。由於散居各地的猶太人不能再到耶路撒冷聖殿守節慶，猶太教會堂成為各地猶太人的宗教活動中心。猶太教會堂的作用和意義開始上升，成為猶太人存在的一種標誌，凡是有猶太人生活的地方，就會有猶太教會堂。猶太教會堂在猶太教的保存與發展中發揮了重要作用。

按習俗，猶太教會堂要建在猶太人居住城鎮的最高處或河邊、海邊。會堂內陳設簡單，不設任何偶像，祈禱活動遵照希伯來文祈禱書《西都爾》(*Siddur*, 希伯來語音譯，意為「祈禱順序」) 進行。在猶太教會堂裡許多猶太男子以「塔利特」蒙頭作為一種尊敬上帝的標記。在正統派的猶太教會堂裡，男人和婦女的座位是分開的。

猶太教會堂是猶太人信仰的象徵，被習俗與傳統尊為神聖。猶太教會堂的出現、普及和發展，在維繫猶太民族共同信仰、共同文化、共同感情、共同特徵方面發揮了極為重要的作用。它不僅是猶太人大流散期間的精神生活中心，還是猶太人之間溝通的紐帶。它的出現也是宗教領域的一件大事，用語言祈禱代替物質獻祭，是一項進步、一項重大改革。

約櫃

猶太教聖物。據《塔納赫》記載，最初的約櫃 (Ark) 是一

只裝飾華麗的鍍金木櫃，內存刻有上帝與摩西在西奈山所定之約〈十誡〉的兩塊法版，因此也被稱為「上帝的約櫃」，是以色列人與上帝特殊關係的象徵。當以色列人在西奈曠野流浪時，約櫃沒有固定的存放地點，由利未人抬運。在以色列人與其他民族的衝突中，約櫃屢屢顯靈，幫助以色列人奪取城池、戰勝對手，被以色列人視為護身符一樣的聖物。以色列人占領迦南後，約櫃先後安放在示劍和示羅，大衛王登基後，以隆重的儀式將約櫃迎進耶路撒冷。西元前10世紀所羅門王在聖殿落成後，下令將約櫃請進聖殿存放。西元前586年耶路撒冷聖殿被巴比倫人所毀，從此這個約櫃下落不明。

約櫃也指各猶太教會堂存放《妥拉》經卷和雅赫威皇冠的約櫃，它們亦被稱為「阿羅恩·哈-寇代什」(Aron Ha-Kodesh)。它們裝飾華麗，多以奢華雕刻的木料或大理石製成，通常建在一座高臺上，有臺階可通，在舉行宗教儀式時可以登上高臺，打開約櫃。會眾在會堂中祈禱時都要面向約櫃。為了遵守猶太教中有關祈禱必須朝著聖城耶路撒冷方向的規定，約櫃的安置方向十分講究，以保證會眾祈禱的方向與耶路撒冷一致。約櫃象徵耶路撒冷聖殿中的至聖所，是整個會堂中最神聖的地方，平時不得隨便開啟，並有簾幕保護。約櫃簾被稱為「帕羅亥特」(Parokhet)，是約櫃前懸掛著一塊幕布，常用緞子、法蘭絨或其他精緻的布料製成，上面繡著華美的圖案，通常是繡著〈十誡〉。

正對著約櫃的前方是一盞一直點亮的長明燈，約櫃內存

有用希伯來文寫在羊皮紙上的《妥拉》經卷。這些經卷被裝在用法蘭絨、絲綢、錦緞做成的經套中。每當安息日晨禱時，約櫃被莊重地打開，取出來的《妥拉》經卷被人高舉著，繞著會堂在人群中傳遞。人們使用古老猶太音調的希伯來語閱讀經卷的幾部分。每讀一段經文前後，會眾都要起立，背誦或高唱傳統的祝福詞。當經文誦讀結束時，這部經卷又被高舉著、環繞著猶太教會堂傳遞，最後送回約櫃。參加聚禮的男性會眾可以用他們的「塔利特」的穗子碰這部經卷，然後吻穗子，作為表示忠心尊敬上帝話語的行動。當《妥拉》在被舉起、傳遞、放入約櫃時，每位參拜者都要一直站立，以示尊敬。如果《妥拉》經卷不幸掉落在地上，那麼，每位在場的人都得禁食四十天。一些拉比解釋說，屆時只需在白日禁食。

《妥拉》經卷

　　記錄《妥拉》全文的羊皮經卷，是猶太教會堂必備之物。猶太教規定，《妥拉》經卷 (Scroll of Torah) 必須使用沒有標點、元音的希伯來文方體字母標示，以手工方式謄抄在二四八片羊皮上，不得刻版印刷。謄抄規定也十分嚴格，整部經卷抄寫上不能有任何錯誤，書寫的方式必須與古代習俗保持一致，因此只有具備豐富的猶太教知識和經過專門訓練的專職謄寫師（亦稱「索非爾」，Sofer，又稱「文士」，必須受過有關猶太教律法和傳統的特殊訓練）才能勝任此事。這些謄寫師在日常生活中必須嚴格遵守猶太教律法，能認真、熟練地使用

鵝毛筆。他們在開始謄抄《妥拉》經卷前，要按猶太教禮儀沐浴，在抄寫時必須先念出每個要謄抄的詞，然後才能落筆。每當寫到上帝聖名時，要清除出頭腦中的雜念。抄寫中如遺漏一個希伯來文字母，或增添一個希伯來文字母，或在改正差錯時沒有遵循猶太教的有關規定，那麼，所抄錄的經卷便被視為不潔，不能使用。

對《妥拉》經卷所使用材料，也有嚴格的規定。經卷所使用的羊皮必須出自按猶太教教規被視為聖潔的羊，即無災無疾、未閹過的公羊身上。同時，這些羊的宰殺方式和皮子的製作過程必須符合猶太人的有關規定，否則便被視為不潔，不能使用。謄抄用筆必須用猶太教認為潔淨的飛禽身上的羽毛製成。書寫用的黑色墨水也必須是從植物裡提煉出來的，嚴禁用非植物原料代替。二四八片羊皮抄錄完畢後，要按規定縫製，兩端固定在兩個手軸上，捲成經卷。經卷由絲綢或法蘭絨帶束在一起，再用繡有雙獅或〈十誡〉法版的經卷套套住。經卷因時間或其他原因受損不能使用時，受損經卷只能埋葬，而不能用其他方式銷毀。

猶太人於安息日在猶太教會堂裡誦讀這部經卷。為此，這部《妥拉》經卷被分成五十四個章節。

誦經壇

誦經壇 (Bimah)被稱為「比麻」，是猶太教會堂中誦讀經文的講臺，為一木製高平臺，其上立著一個支撐《妥拉》經卷的經案。誦經壇供拉比誦讀《妥拉》、祈禱、佈道、主持宗

教儀式使用，是猶太教會堂舉行各項活動的中心。

　　猶太教對誦經壇的形狀和風格無統一規定，不同猶太人社團往往會在猶太教會堂中設置風格和樣式迥異的誦經壇。阿什肯那齊人的猶太教會堂中，誦經壇設在會堂的正前方；塞法爾迪人的猶太教會堂裡，誦經壇設在會堂中央，一排排座位環繞著它。無論如何，誦經壇都被置於約櫃前面，與聖城耶路撒冷方向一致，以保證聚禮會眾祈禱時面朝聖城。

指經標

　　指經標 (Yad) 被稱為「亞德」或「手」，誦讀《妥拉》經卷時指點字句的猶太教禮儀用品。為了保持《妥拉》經卷的聖潔，也為了使讀經者的注意力集中在所讀經文上，促使他注視經文，正確地誦讀經文，猶太拉比禁止人們在誦讀時用手直接觸及經卷，而以指經標代替人的手指，指點所讀字句。此外，為表示敬意，拉比告誡人們不得將經卷「孤零零」地置於一處。於是，人們習慣在《妥拉》經卷上附以一個指經標作為「伴物」，一般掛在經卷的鏈上。指經標通常是用銀、橄欖木或其他金屬製成。做成手臂狀，其末端狹窄，呈握拳之樣，但食指伸出，如食指指物。隨著時間的推移，指經標成為一種藝術品，上面可鑲有寶石，或配有鏈子等，手柄上常常刻有切合誦讀《妥拉》場合的詩句。

長明燈

　　長明燈 (Ner Tamid) 被稱為「內爾·塔米德」，是猶太教會堂裡使用的永不熄滅的油燈或電燈。《塔納赫》中有一條誡

命:「把那為點燈搗成的清橄欖油拿來給你,使燈常常點著」,要求以此作為「世世代代永遠的定例」。猶太人在西奈曠野流浪期間,長明燈一直置於會幕中約櫃的幔子外,由亞倫及其子照料。聖殿時期,一盞裝滿純淨橄欖油的長明燈連年不斷地在約櫃前點亮著,表示上帝存在於猶太人心中。猶太教會堂裡長明燈位於約櫃對面西牆特設的壁龕中,後又移到置放約櫃的同一面牆前,最後懸掛在約櫃前。現在燃油的長明燈多用電燈取代。懸掛長明燈的吊鏈用特種金屬製成,有的還做成橄欖枝葉狀以象徵和平。長明燈與約櫃、七臂燭臺一樣,是猶太教會堂裡不可缺少的一項禮儀用品。當一個新猶太教會堂落成時,最重要的儀式是把《妥拉》經卷放進約櫃和點亮長明燈。

七臂燭臺

七臂燭臺 (Menorah)亦稱「七連燈臺」,猶太教的徽號和禮儀用品。原為古代猶太教會幕和聖殿所用的燈臺,遵照上帝對摩西的囑咐將它置於會幕內南面,與北面供奉陳設餅的祭桌相對,後成為耶路撒冷聖殿的聖器,西元66年被羅馬人掠走。據〈出埃及記〉37章記載,以色列工匠藝人比撒列用黃金錘打出一花枝狀七連燈臺,左右各三枝,中央一枝高於兩邊六枝,各枝上均有花瓣狀細雕,燈腳呈花枝狀,頂端燈座呈花托狀。傳說它象徵一週七天,左右六枝象徵上帝創造天地的六天,中央一枝象徵安息日。燈臺上有七盞燈,每盞燈都有一個燈芯。這七盞燈代表上帝的七隻眼睛,在觀看整

個世界。它們流瀉的燈光是為照亮《妥拉》經卷。神祕主義的喀巴拉教派認為，七臂燭臺的中央一枝是平衡之柱 (Pillar of Equilibriam)，左三支為嚴厲之柱 (Pillar of Severity)，右三支為慈悲之柱 (Pillar of Mercy)，彼此性質相互平衡。

　　七臂燭臺作為猶太教的象徵，現已成為猶太人家中的必備之物，也是每個猶太教會堂裡不可缺少的一項禮儀用品，多以純金或純銀製成。七臂燭臺也是以色列國家的徽號。

朔法爾

　　朔法爾 (Shofar)是閹過的公羊角號，為猶太教宗教禮儀用品，用於重要宗教場合。古代猶太人同敵人戰鬥時要吹響它，號聲使人們想起亞伯拉罕接受上帝考驗要殺兒祭主的故事，象徵著猶太民族對上帝的順從和虔敬。號聲更具有報警、敬畏和歡慶之意，因此只有在這樣的場合才能吹響朔法爾。

　　根據《塔納赫》誡命，在慶祝猶太新年的特別儀式上，人們要進行三次祈禱，在誦經壇上三次吹響朔法爾。邁蒙尼德說：它（吹響朔法爾）喚起罪惡者的悔意，「醒來吧，你們這些有罪的人，深思你們的行為，記住你們的造物主，看好你們的靈魂，斟酌你們的行動，拋棄你們的每一個罪惡的念頭與方式，回到上帝那裡，祂將慈悲為懷地對待你們。」

　　吹朔法爾者必須為人清白、富於獻身精神。在《塔納赫》時代，朔法爾號聲宣布安息日和新月節的到來，新國王受膏。今日以色列國總統宣誓就職時仍沿用此習俗。現在朔法爾不僅是猶太教的宗教禮儀用品，還成為猶太民族的象徵。

大衛星

大衛星 (Star of David) 為猶太教與猶太人的標記，由兩個等邊三角形組成的六角芒星，在猶太教會堂建築上、猶太人墓碑上都可以見到。相傳最早出現在大衛王所用的盾牌──大衛盾 (Magen David) 上，中世紀為猶太教神祕主義者廣泛採用。17世紀後成為猶太人社團的正式徽號和猶太教的通用標記。1897年第一屆猶太復國主義者代表大會以此為會旗標誌。以色列國成立後，大衛星成為以色列國旗上的中心圖案。在猶太教崇拜儀式中，它象徵著上帝的保佑。有的學者認為：大衛星中的一個三角象徵上帝、世界和人，另一個三角象徵創世、天啟和救贖。也有學者認為：一個三角象徵男人，另一個象徵女人，二者合一象徵著陰陽結合。19世紀以來，它開始出現在猶太教會堂的建築物上，成為猶太教突出的標誌。

祕庫

祕庫(Genizah)是猶太教徒存放損壞或不宜使用的聖書、希伯來文稿及猶太教禮儀用品的場所。根據猶太教法規，凡是受損的聖書或禮儀用品不能繼續使用，但又不允許隨意拋掉或焚燒，最好的處理辦法是依照猶太教禮儀埋葬或作為宗教名人、知名學者的陪葬品在猶太墓地下葬。由於這種禮儀處理方式常常要隔一段時間才舉行一次，為了便於猶太教徒及時處理手頭已損的聖書等物，許多猶太教會堂都闢有專門的場所，暫時存放這些不宜繼續使用的希伯來聖書、文稿和

禮儀用品。這種場所多設在猶太教會堂的閣樓、壁洞或地下室，俗稱「祕庫」（即「儲藏室」之意）。著名的祕庫有開羅的古以斯拉猶太教會堂的祕庫和巴勒斯坦庫姆蘭地區存放《死海古卷》的山洞。

第二節　教職稱謂

納西

納西 (Nasi, 希伯來語音譯)，意為「領導者」、「統治者」。遠古時代，稱呼家族族長、部落首領、一國之君和政治領袖，後指「巴比倫之囚」的首領以及巴勒斯坦猶太教公會會長。他們被不信猶太教的國王們授予了某些權限，允許他們行使頒發特許證和授任聖職的權利。

大祭司

大祭司 (Cohen Gadol) 是古代猶太教負責管理屬下祭司並主持聖殿中重要祭獻的人物，由亞倫後裔擔任。西元前165年馬卡比起義勝利後，約拿坦·馬卡比 (Jonathan Macca-bees, ?～143BC) 於西元前152年擔任大祭司，集政權、神權於一身，奠定猶太教神權政體。此後，大祭司的權力逐漸擴張，儼然成為民族領袖。西元前63年羅馬人統治巴勒斯坦後，大祭司任免權歸羅馬總督。

祭司

　　祭司 (Cohen) 指古代猶太教在聖殿中擔任祭獻職務的教士，負責進行完美的祭獻。據〈出埃及記〉載：祭司都應由亞倫的後裔擔任，受大祭司管轄，在聖殿中輔助大祭司舉行祭祀活動。其職責是在祭壇上從事各種獻祭活動：在香料臺上焚香、使長明燈長燃不熄、按時更換祭桌上的陳設餅、向民眾解釋律法和誡規，教誨民眾等。在現代社會裡，祭司後裔的地位比利未人（利未支族）後裔的地位高，社會地位也比普通猶太人高。在安息日和節日猶太教會堂的儀式上，祭司後裔總是第一個被叫上去誦讀《妥拉》經卷。

文士

　　在猶太教中稱猶太學者為文士 (Scribers)。「文士」一詞在希伯來語中的涵義是「計數」，因為被稱為文士的學者一直用心記住《塔納赫》中字母的數量，對每個字詞的發音和拼寫都很小心謹慎，以保證能把《塔納赫》的內容準確無誤地傳給下一代。千百年來，文士一直受到人們的尊重，其職業被猶太人看作是極為高尚的。

　　文士有兩個指向，其一指第二聖殿初期主張用律法重新整頓社會生活的猶太教律法學家。他們大多是通曉《塔納赫》和口傳律法的專家，通過對《塔納赫》的仔細研究，梳理出指導當時人們社會生活的律法條文。其二指希伯來文謄寫師。

第二聖殿後，文士的主要職責是謄抄《妥拉》經卷和有關經典文獻。這些文獻包括美祖扎赫、經文、經文護符匣文、律法書卷、以斯帖書卷、婚書等。

坦拿

坦拿（Tanna, 希伯來語音譯），意為「老師」。猶太教早期對法利賽人傳統繼承人——拉比的稱呼，有時此名與「拉比」混用。這一稱呼在西元2世紀出現，始見於《密什那》中，後專指西元200年以前編纂《密什那》的猶太教口傳律法家。這一時期稱為「坦拿時期」。但只有古代巴勒斯坦猶太人用此名，巴比倫猶太人則用拉比。

阿摩拉

阿摩拉（Amora, 希伯來語音譯），意為「發言人」。猶太教律法學者的稱謂。原指西元2～5世紀《塔木德》的編纂者，這一時期亦稱「阿摩拉時代」，後指猶太教會堂中《塔納赫》和猶太律法的講解人。

聖哲

指西元前2～西元6世紀從事《塔納赫》研究的猶太教學者，是對坦拿和阿摩拉的通稱。耶路撒冷聖殿被毀後，猶太聖哲 (Sage) 起到了猶太民族精神領袖的作用。通過對《塔納赫》的研讀，對口傳律法的研究，聖哲們試圖重振猶太人的

精神。他們大多屬於法利賽人，在思想上認為猶太教的口傳
律法與成文律法同等重要，都是上帝在西奈山上傳授給猶太
民族的，開展對口傳律法的研究與對《妥拉》的研究同等神
聖。他們在研究中，特別重視在各猶太人社團內出現的新情
況，在他們的努力下，以口傳律法為基礎的《密什那》和《塔
木德》編纂完成，為流散世界各地的猶太人提供了統一的精
神生活準則，使之在近兩千年的流散生活中始終認同於自己
的文化與傳統。

拉比

拉比（Rabbi, 希伯來語音譯），意為「師傅」。指接受過
正規猶太教教育，系統學過《塔納赫》、《塔木德》等猶太教
經典，擔任猶太人社團或猶太教教會的精神領袖或在猶太經
學院傳授猶太教義者。許多拉比本身以學者聞名；有些拉比
是天才的演說家和社團領袖。

在歷史上拉比不是一個一直聽到上帝「呼喚」的人，而
是不斷深入研究猶太教著作並已獲得足夠知識的學者。他可
以回答普通猶太人為過上完美生活而提出的許多問題，其職
責主要是傳授猶太教經典、闡述猶太教義如何應用於日常生
活。現在拉比的職責包括主持猶太教會堂的正常宗教活動、
禮拜儀式、佈道、引導討論、為求教者提供諮詢、解釋猶太
教具體信條的涵義，負責猶太兒童宗教學校的教學和管理，
參加並主持會眾生活中的重要大事件儀式，如：割禮、為嬰

兒命名禮、成年禮、婚禮、喪禮和葬禮，規勸和撫慰教徒。
此外，拉比們還引導猶太人社團從事各種各樣的事務，指導
宗教學校和其他猶太人機構，如：老人之家、諮詢服務處、
猶太人社團中心、福利協會等，提供隨軍教士，從事並參與
社會工作和慈善事業。在離婚案件上，拉比可以參加特別成
立的猶太法庭，處理離婚事宜。拉比也是猶太人社團對外關
係的代表，包括為以色列和美國猶太人社團籌集經費。

　　19世紀前，拉比也是對有學問的猶太男子的尊稱。過去，
拉比身分的取得須經另外一名拉比的正式任命，在舉行按立
聖職儀式後正式成為拉比。現在，在猶太教社團內，拉比不
是由宗教權力機構任命，而是由猶太教徒或猶太人社團推選
出來。以前沒有女拉比，現在已有些婦女擔任了拉比。

　　猶太教歷史上有些大拉比非常著名，如：阿基巴·本·
約瑟、猶大·哈-納西、約翰南·本·扎凱、西緬·巴·約海。
他們的教導和故事至今傳誦不已。

高昂

　　高昂（Ga'on, 希伯來語音譯，曾被誤譯為「加昂」），意
為「莊嚴」、「卓越」。是西元7～11世紀對猶太經學院院長的
一種尊稱，尤指對蘇拉（Sura）和蓬貝迪塔（Pumbeditha）猶太
經學院院長的尊稱，後泛指巴比倫和巴勒斯坦猶太經學院才
華出眾的學者、有重大影響的猶太教神學家。猶太教有時稱
中世紀前期為高昂時代。在這一時期，巴勒斯坦猶太經學院

被西班牙、義大利的猶太人視為權威性機構。後來，巴比倫猶太經學院高昂的權威性和重要性與日俱增，使《巴比倫塔木德》漸漸為世界所接受。在他們的領導下，猶太教會堂誦讀的〈頌讚詩篇〉被寫出來、《祈禱書》被起草、《塔納赫》經文被確定並加以注釋。在高昂的所有著作中，最有影響的是他們的〈答問〉。當時來自世界各地猶太人社團的許多有關生活與宗教實踐的問題被送到高昂所在的猶太經學院裡，這些問題在學院裡被一再討論，最後以高昂的名義發出一個答覆，即〈答問〉。11世紀後，隨著巴比倫猶太教中心地位的喪失，高昂時代結束，但「高昂」一詞成為對猶太教學問淵博者的尊稱。

哈贊

亦稱「贊禮員」。在《密什那》和《塔木德》時期，哈贊(Chazzan)是猶太教會堂的管理人和負責宗教儀式的官員。現在，哈贊是猶太教會堂中負責禮拜活動和公共儀式程序並領唱讚美詩的人。作為「哈贊」，他必須具有四種品質。首先，他必須了解全部猶太教經文、猶太教禮拜儀式和祈禱書；其次，他必須是嚴格遵守教規的猶太人；第三，他必須是一個正直的人，具有良好的個人品德；第四，他必須富有音樂才能和演唱能力，並須經過專門的訓練。現今，在許多非正統派猶太教會堂中，哈贊往往兼任宗教學校董事，並負責處理會堂的日常事務。

沙瑪什

猶太教會堂服務人員，亦稱「會堂司事」，是猶太教會堂的管理人。在拉比時期、中世紀和近現代，他們通常為猶太教會堂司儀，用號聲宣布日落時刻和安息日起止時分，還負責收取會員費、安排葬禮、傳遞信件和照看會堂內外各項具體事務。現在，沙瑪什 (Shammash)負責猶太教會堂裡的具體事務，如：保持會堂清潔、溫度，管理祈禱用書和其他用品，並協助哈贊主持禮拜活動和公共儀式。許多沙瑪什也是精通猶太教學問者，經常負責誦讀《妥拉》。

巴爾·寇若

巴爾·寇若 (Baal Kore)為主要誦經師，負責唱誦《妥拉》固定段落。這本是哈贊的工作，後由沙瑪什承擔。當沙瑪什的工作過於沉重時，他有權雇用一位誦經師幫助他。

嘎巴伊

嘎巴伊 (Gabbai, 希伯來語音譯)，意為「舉起」或「收集」。在中世紀指猶太教會堂司庫，是一位非常重要的會眾官員，負責籌集慈善賑濟款物，解決猶太貧民的一般需要。現在，常常只是一位普通會眾，但要為猶太教會堂履行某些職責，如：在禮拜活動中維持秩序、收集會費、作記錄等。

巴爾·托基亞

　　猶太教會堂的「首席吹號者」稱為巴爾·托基亞 (Baal Tokea)，在猶太教禮拜活動需要時吹朔法爾。

巴爾·特費拉

　　代替哈贊領導會眾祈禱者稱為巴爾·特費拉 (Baal Tefi-lah)。當他領導晨禱儀式時，被稱為巴爾·沙赫瑞特 (Baal Shahrit)；當他領導午禱儀式時，被稱為巴爾·穆薩夫 (Baal Musaf)。

第三節　禮　儀

祭禮

　　在耶路撒冷聖殿時期，猶太教的主要宗教禮儀是祭禮。除平日的晨祭和晚祭之外，還有為特殊目的而舉行的六種專門祭禮：燔祭、素祭、平安祭、贖罪祭、贖愆祭、搖祭。猶太人以獻祭為仲介，向上帝雅赫威提供犧牲，溝通了他們與上帝的聯繫，同時也表達了他們對上帝的敬畏、熱愛與崇拜，還減輕了他們對自然與社會的恐懼感和負罪感，達到心理上的平衡與安寧。祭禮一般由祭司主持。

　　在猶太教的祭禮中，聖化是特別強調的一個主要基調。

雖然祭禮對於維護猶太教建制免受任何偶像崇拜成分的介入
是非常必要的，但是一切附屬於祭禮的犧牲、聖所、祭司、
器皿和獻祭本身都是為聖化設計的。這種聖化與猶太人的「塔
布」（禁忌）無關，它只屬於上帝。這種聖化的獻祭行為是至
聖的象徵，將影響整個猶太民族與個人的命運。聖殿時的六
種專門祭禮如下：

燔祭

也稱為「燒化祭」。〈利未記〉將燔祭列在五種獻祭之首，
表示人對上帝的完全奉獻。祭物一般為無殘疾的雄性牲畜（公
羊、公牛等）。獻祭時，將肉塊、脂油等擺在祭壇的柴上焚燒。

素祭

祭物為農產品，即當年初熟的禾穗和新磨的麵粉等。獻
祭時，要在細麵上澆上油，加上乳香，帶到祭司那裡。祭司
「要從其中——就是從素祭的細麵中——取出自己的一把，
又要取些油和素祭上所有的乳香，燒在壇上。」祭物必須是無
酵的，不可抹蜜。獻祭後所剩的要歸亞倫及其子孫。但亞倫
子孫奉獻的素祭要「全獻給上主」，自己不可以吃。

平安祭

又稱為「酬恩祭」。要選用沒有殘疾的公牛或母牛，亞倫
系的祭司要在聖幕門口用手按住牛頭，把它宰殺，再把祭牲
的血灑在祭壇四周，然後把內臟、腰子、肝的最好部分及上
面的脂肪割下，用火燒，獻給上主作平安祭。另外，還要有
調油的無酵餅和抹油的無酵薄餅，並用油調与細面作的餅与

上面的供物一同獻上。祭牲的肉一般要當天吃完，不可留到次日早晨。若為還願或甘心而獻，祭肉第二天仍可吃，但第三天必須以火焚燒。沾染了污穢的肉不可吃，要用火焚燒，脂油和血不可吃，祭物的右腿為祭司的當得之分。

贖罪祭

猶太律法規定，百姓或祭司若違背上帝誡命而犯了罪，須將無殘疾的公牛犢獻給上帝雅赫威為贖罪祭。獻祭者要把牛牽到會幕門口，用手按住牛頭，在雅赫威面前，將牛宰殺。大祭司將牛血帶到會幕，手指蘸上血水，對著聖所的幔子彈七次，再把血抹在會幕內香壇凸起的四角上，然後把剩餘的血倒在會幕門口獻燔祭壇的座上。牛的脂油要燒在壇上，官長應以公山羊為供物，百姓可用母山羊或綿羊代替。煮祭物的瓦器要打碎，銅器則必須擦拭乾淨。

贖愆祭

「愆」指一般性過錯，犯了這種過錯，除了向受損者賠償之外，還要向上帝獻上贖愆祭，祭物為母羊、山羊或羊羔。如果無力獻羊，可以獻兩隻斑鳩或雛鴿。要在祭壇北邊，就是殺燔祭祭牲的地方，殺贖愆祭的祭牲，把血灑在祭壇四周。全部脂肪：整條肥尾巴、包著內臟的脂肪、兩個腰子和腰子上的脂肪、肝最好的部分，都要放在祭壇上，祭司要在祭壇上向上主燒獻全部脂肪，這是贖愆祭。獻了贖愆祭，意味著祭司代他賠了罪。祭司家中的任何男子都可以吃這種祭肉，但是必須在神聖的場所吃，因為這是至聖的。

搖祭

除了上述五種祭禮，搖祭也是古代猶太教獻祭禮儀之一。獻祭時，搖動祭物，以求上帝垂顧。這一禮儀主要在五種場合採用。

逾越節第二天向上帝獻剛成熟的穀物時，要搖動祭物。沙夫幼特節時，要用新麥做的兩個餅及兩隻羔羊作平安祭的搖祭。獻平安祭時，獻祭者要舉起祭物的右腿或右肩，搖其前胸，祭物獻後歸祭司。痲瘋病患者行贖愆祭時，也要行搖祭。此時，祭司要取一隻公羊羔獻為贖愆祭，並和那一羅革❶油，一同「在上主面前搖一搖」。丈夫因懷疑妻子不貞而行疑惑的素祭，也要行搖祭。

齋戒

齋戒是猶太教的一種特殊宗教行為，是為了某種目的而禁食的宗教行為。齋戒目的有下列幾種：為紀念某一不幸事件，向死者致哀；為了向上帝懺悔反省或認罪；為了實現自我淨化；為了抑制人對物質的欲望而弘揚精神力量。《塔納赫》中對齋戒有多處記載，主要有：摩西為以色列人的罪禱告，禁食四十晝夜。大衛的三次禁食，第一次為掃羅的死而悲哀禁食；第二次為押尼珥的死而悲哀禁食；第三次為拔士巴所生的孩子生病而禁食祈禱。

猶太年曆上有專門的齋戒日，它們是在歷史上逐步形成

---

❶　羅革，為古代猶太人的一種量油標準。

的。在《塔納赫》時代，惟一需要齋戒禁食的是贖罪日。現在猶太年曆上注明的齋戒日大多產生於以後的年代。這些齋戒日分為三類：

與聖殿被毀有關的齋戒日

塔慕茲月17日～阿布月9日紀念耶路撒冷城被羅馬人攻破，導致聖殿被毀日、從塔慕茲月17日到阿布月9日的三週為齋戒日。

與其他猶太歷史事件有關的齋戒日

提市黎月3日的基大利齋戒日、阿達爾月7日的摩西誕辰逝世紀念日、阿達爾月13日的以斯帖齋戒日和希萬月20日紀念一系列歐洲猶太人社區被毀滅事件。

與懺悔有關的齋戒日

每個新月節前夕，統稱為小贖罪日、懺悔十日開始的前一天、介於哈努卡節和普珥節之間的一些日子，如：每逢星期二的日子。

正統派猶太教徒在這些齋戒日中往往要禁食、禁酒，有的還禁浴、禁辦婚禮等。同時，根據不同齋戒日在家或猶太教會堂裡誦讀有關《塔納赫》的章節和祈禱詞。

齋戒日還分為個人齋戒日，如：新郎、新娘在婚禮當天的齋戒；團體齋戒日，如：整個猶太社團為某位猶太聖哲進行集體齋戒的日子。

一般說，齋戒日只禁食品和酒等飲料，有時也禁洗滌（指以享樂為目的）、禁穿鞋（以舒適為目的）、禁塗油（以執教

為目的）、禁辦喜事、禁同房等。

集體祈禱

西元70年羅馬人焚毀耶路撒冷第二聖殿後，猶太人的獻祭活動和祭司制度也隨之中止。經常聚在一起的猶太人以向上帝說出代表心裡話的祈禱詞，來代替向聖殿供奉犧牲。他們在猶太教會堂裡聚會，在這裡誦讀《妥拉》、集體禮拜、簡單祈禱，以小小的儀式直接朝向上帝。由於散居各地的猶太人不能再到耶路撒冷聖殿守節慶，猶太教會堂成為各地猶太人的宗教活動中心。

逐漸，取代了祭禮的集體祈禱開始制度化。猶太教規定若要進行集體祈禱或其他宗教儀式，必須有一部《妥拉》經卷和十名年滿13周歲、行過成年禮的猶太男子組成的猶太教祈禱班 (Minyan)，兒童、婦女均無資格參加。如達不到此法定人數，參加集會的人只能以個人身分祈禱。同樣，只要有十名年滿13周歲、行過成年禮的猶太男子，便可自行組成一個猶太教祈禱班。是否有拉比、是否有會堂，均不重要，猶太教集體祈禱可以在一棵樹下舉行，也可以在為此目的而建的一個建築物裡舉行。重要的是，是否達到這一法定人數。在特殊情況下，一名即將行成年禮的猶太少年也可以參加祈禱班。由於散居猶太人有時很難找到十名13周歲以上的男子，《塔木德》規定猶太人在進行婚禮和割禮儀式時，可以不受此限制。當代，在男女平等思想的影響下，猶太教中的改革

派和保守派認為年滿13周歲的婦女也可參加祈禱班。猶太教
這一法定人數的規定在溝通各地猶太人聯繫和團結方面起到
了重要的作用。

第四節　　公益事業——策達卡

　　「策達卡」(Tzedakah)意為「公義」，引申為猶太教公益
事業，意味著共同善待他人、多行善事，是猶太人社會生活
不可或缺的一部分。任何一個猶太人，都要理解策達卡觀念，
支持它，將它代代相傳。猶太人遵循的最重要的原則是：沒
有一位男子會因為接受策達卡而感到羞愧。因為，給窮困之
家捐奉慈善錢是猶太人的一個習俗。

　　策達卡首次出現在〈創世記〉18章，在一個炎炎烈日猶
太人先祖亞伯拉罕請三位陌生人進家，與他們分享食物，這
就是他行的公益之事。《塔納赫》規定：當人們收割莊稼時，
要為那些不幸的人留下一部分。要牢記田地四角的水果、穀
物是不能動的，要在收割之後留下來，「你們要把它們留給窮
人和那些陌生人」。每逢安息年，土地要被閒置。在這一年裡，
隨地上長出什麼，都屬於貧困者——陌生人、無父者和寡婦。

　　在耶路撒冷聖殿，有一個永遠黑暗的房間叫做「策達卡
室」。生活富裕的人可以不引人注意地留下捐贈，而那些窮人
也可以不為人所知、盡可能多地拿走他們所需之物。最早期
的猶太教會堂繼承了這一作法，有許多類似的房間。拉比時

期，猶太人社團選出專人，負責收集、分配和救濟給窮人們的基金。他們還延續了在第二聖殿時期採用的一種策達卡制度，在每個猶太人城鎮設立一個慈善箱（Kuppah, 庫帕赫），每到週五，窮人們會收到夠他們一週吃飯和穿衣的錢款。拉比說：一個沒有慈善箱的城鎮是不值得居住的。這些城鎮還要建造一座四面都開門的特殊建築，這樣，貧窮的猶太人可以自由進入，吃飽飯，而不用去乞討。

中世紀，猶太人的策達卡協會遍布整個歐洲。它們承擔了許多重要的任務。它們養活窮人，給他們衣穿，為窮人的孩子提供教育，為貧困的女孩捐贈嫁資，為老人提供棲身之處，為那些付不起錢的人準備葬禮，用贖金贖回那些受人敲詐勒索而被綁架的人。

多年來，策達卡制度一直在歐洲猶太人社區生活中發揮著重要作用。歐洲猶太人有許多關於策達卡的習俗。平日裡，一位策達卡使者手中提著一個口袋，從一家走到另一家，那些能夠捐贈的人，把東西放進這個口袋裡，那些需要幫助的人，從口袋裡拿走東西。凡是擁有猶太經學院的歐洲城鎮，都有「吃飯的日子」(Essenteg)。學生們知道在本週的哪一天，他們會在哪一人家中受到款待，他們被期望著到來，而不需要主動要求。如今，在所有猶太人定居點都設有招待過路人的「寄宿處」。人們向社區捐贈箱捐款，支持猶太教育、拯救病人、幫助老人、保護無家可歸者，使猶太人能盡他們最大的努力，幫助那些劫後餘生的歐洲猶太人重新獲得力量，去

創造一個強大的、繁榮的以色列國。世界上有許多從事猶太教公益事業的組織，如：美國聯合分配委員會 (The American Joint Distribution Committee) 等。

第五節　教育及機構

教育

　　猶太民族非常重視文化教育，人們甚至傳說，來世在天堂仍可以看到一位猶太聖哲伏案苦讀。猶太律法也要求父母盡早開始對兒子進行宗教教育，在孩子剛會開口講話時，母親要教他念「首麻」及背誦「摩西將律法傳給我們，作為雅各會眾的產業……」。當猶太人的兒子3歲，第一次剪頭髮時，就要被帶到學經堂來。這裡有一位教師在等著他。教師的身旁放著一罐甜甜的蜜和一張寫滿希伯來文字母的紙，蜜滴滴答答地掉在紙上。孩子坐到教師的膝上，每當這個孩子學完一個新字母，教師在就勸他去舔舔甜甜的蜜，好使他心中能將學習與甜蜜的喜悅連在一起，這個印象將伴他度過整個人生。

　　猶太傳統規定父親對兒子有三項應盡的義務，其中包括教兒子學習猶太教經典。許多猶太兒童從5歲起隨父親學習識字，誦讀《妥拉》；上學時除了上公立學校外，還要到一個宗教學校或一個猶太教會堂的宗教班上課，學習希伯來語、猶

太祈禱書、《塔納赫》、《塔木德》、《米德拉什》、歷代《塔納赫》釋文節選，以及對當今猶太人和猶太人社團研究的叢書。

猶太民族的教育起源於上古時期。《塔納赫》中多次提出要對成人和兒童進行教育的誡命，〈箴言〉3:21說：「我兒，要謹守真智慧和謀略，不可使她離開你的眼目。」〈約書亞記〉1:8說：「這律法書不可離開你的口，總要晝夜思想。」這一傳統一直為猶太人所繼承，並逐步為世界其他民族所接受，成為現代義務教育體制的先聲。

西元前516年，波斯王居魯士大帝允許巴比倫猶太人返回故鄉。一批猶太先知為了保持民族精神和文化傳統，進行了一系列宗教改革，家庭教育被看成是保持民族傳統的一個重要環節，極受重視。教師必須精通《妥拉》，並能簡潔地教授其內在涵義，使孩子們能用希伯來語熟練地背誦《妥拉》。猶太教會堂的出現使人們多了一個學習場所。西元前3世紀，猶太教會堂開始開辦學校，招收兒童入學。西元前1世紀又出現一些非猶太教會堂辦的學校，教授兒童讀書寫字的基本技能。大一些的兒童進專門學校，系統地學習猶太教經典文獻，至此義務教育體系在猶太民族中形成。

第一位為創立全民義務教育體系做出重要貢獻的是耶路撒冷猶太教公會的大法官西緬·本·蔡奇（Shim'on Ben Shetah, 1世紀BC）。他於西元前75年制定了一項教育計畫，推行廣泛的初級教育，他頒布法令，規定猶太人社區必須資助公共教育，父母必須送兒子入學。西元64年，大拉比約書

亞‧本‧革馬拉 (Yehoshu'a Ben Gamla, ?～AD69) 重申西緬的法令，規定每個猶太社區都必須設立學校，供6歲以上的兒童就學，同時規定6～10歲的兒童必須入學，在老師的監督下學習。約書亞的這一做法標誌著正規學校教育的開始。

《塔木德》對班級規模有具體規定，如：一名教師最多只能教二十五名學生；如果學生數超過二十五人，必須請一名助手；超過四十人，必須請兩名助手協助教學。兒童6～10歲在小學學習，10歲畢業後進入律法學校，15歲之前一般都要在校學習。15歲以後，如父母有能力支付教育費用，還可留校進一步深造。教學的內容主要是猶太教經典。《密什那》規定：5～6歲時開始學習《妥拉》，6歲開始學習《塔納赫》，10歲學習《密什那》，13歲學習猶太教誡律，15歲學習《革馬拉》。學習的方式以背誦為主，不管能否理解，首先要求熟記，最通用的教學方法是背誦，不管是否理解先得熟記，提倡讀一〇一遍要比讀一百遍好。教師在學生熟記後，再逐段講解或以討論的方式來鞏固所學的內容。

西元70年，猶太人大起義被羅馬軍隊鎮壓，耶路撒冷聖殿被毀；然而由七十名猶太學者組成的猶太教公會被保留下來，祭司集團被拉比們取而代之，一種新的教育體系開始形成。在大拉比的努力下，為保存、傳播猶太思想，教育、培養猶太拉比，收集、整理猶太典籍的教育機構——猶太經學院誕生，猶太民族的傳統教育模式從此奠定。

在19世紀猶太人獲得解放時代到來之前，猶太教育體系

模式是：一個教師帶著一群學生，整日學習宗教課程。這樣的學校被稱做「塞得」（Seder, 意為「房間」）。學生隨著學業的增長，可以從一個教師那裡畢業，再跟另一個教師學習。部分猶太人社團還開設了一種律法學堂，有各種班級，絕大部分課程與宗教有關。在東歐開辦了大量猶太經學院，有正式的年級劃分；它們從十幾歲的青少年中招收學生，好的學生有可能在那裡學習終生，成為猶太經典的專家；開設的課程主要與《塔木德》和其他口傳律法有關，《塔納赫》和其他宗教書籍主要靠學生自學。學習世俗課程的人往往會遭到譴責，或面臨被革出教門的危險。

隨著猶太人解放時代的到來，猶太教育開始再次涉及世俗科學，語言、數學及其他課程。當猶太人被准許進入當地公共學校學習時，猶太學校開始失去吸引力。然而，經過一段時間後，猶太人又發現宗教教育和課程對下一代人來說是不可缺少的。於是「塞得」學校和律法學校又開始恢復，它們大多由猶太教會堂組織教學，授課時間大多在星期日或公共學校放學後的時間，每週上課2～12小時不等。這一出現在20世紀上半葉的教育模式，現已成為標準模式，為絕大多數猶太人社區所接受。

美國猶太教正統派為了鼓勵人們學習、研究猶太教教義，開設了一些全日制宗教學校，除主要講授宗教課程外，還開設部分世俗課程。這一作法逐漸擴大到改革派和保守派中。第二次世界大戰後，傳統猶太經學院的數量在以色列和美國

迅速增長。這些經學院主要招收高中畢業生入校，有的專為大學畢業生開辦。世界許多大學也紛紛開辦猶太學系，向猶太青年和非猶太青年提供學習希伯來語和其他猶太學方面知識的機會，使猶太學研究真正成為一種科學。

　20世紀以前，猶太教育在很大程度上是為猶太男子服務的。在猶太男子的一生中，大部分時間用來學習。而自古代起，猶太女子接受的教育就不同於男子。她們受到的主要是倫理道德與《塔納赫》知識教育。有關律法的課程從不為猶太女子開設。對於一個女孩子，學習如何操持一個猶太家庭的家務更重要，因為婦女在家裡的家庭責任被認為是她們的首要任務。此外她們不得不處於附屬於男人的地位。自1917年美國猶太教正統派學校開始為猶太女子開設系統的《塔木德》課程後，幾乎所有宗教學校都同時為男女學生開設同樣的課程，打破了教育上男女有別的傳統。

　以色列建國後，極端正統派猶太人的孩子多上阿古達特（Aguat，以色列正教黨系統）學校。這些學校是宗教學校，不屬於國家學校系統，但接受國家津貼。孩子們在學校裡集中學習猶太教法律、宗教典籍、儀式儀禮，也學習一定的數學及其他自然科學、社會科學知識。阿古達特學校所體現的宗教教育系統強調：猶太教是一種生活方式，這一信仰無所不包。學生從阿古達特學校畢業後可上猶太教法典研究院。這些院校裡保存著完好的猶太教傳統氣氛。優秀的畢業生將來可以成為拉比，而絕大多數人在畢業後只能永遠生活在嚴

格遵守宗教誡律的極端正統派社團之內，靠其他方法維持生計。

教育機構

學經堂

學經堂 (Bet Miderash) 是猶太教徒學習經典的場所，主要供猶太教徒學習《塔木德》經典和評注等猶太教文獻之用，也是學習者祈禱的場所。猶太教把學習猶太教經典看成是頭等重要的大事，學經堂往往被認為比猶太教會堂還要神聖。猶太教有關法律甚至允許為建造或購置學經堂而出售猶太教會堂。中世紀以來，學經堂成為每個有猶太人聚居的城鎮必不可少的學習猶太教經典場所，所需費用由當地猶太社團承擔。青年人可整日在那裡學習《塔木德》經典，靠勞動謀生者可在工作之餘去那裡學習數小時。許多學經堂就設在猶太教會堂中，成為猶太教會堂的一個組成部分。今天屬於猶太社區的學經堂已不復存在了，只有少數猶太教會堂保持自己的學經場所，定時向公眾開放。然而，每個猶太經學院還保存著自己的學經堂，或供其成員學經之用，或向當地猶太人社區開放，舉辦各種經典研討會。

律法學校

律法學校 (Talmud Torah) 旨在傳授猶太教律法知識的學校，出現於中世紀，是向少年兒童傳授猶太教知識的初等學校。它以傳授猶太教律法、經典為主，同時也教授其他知識

課程，辦學資金來源於當地的猶太人社團。它最初主要是為了使貧窮人家的兒童享有受教育的機會，現已成為所有適齡兒童學習的地方。它一般開設希伯來語、猶太教經典、猶太文化等方面的課程，平日每天兩小時，在公共學校放學後開課，每週日上午開設4小時課程。

猶太經學院

猶太經學院（Yeshivah, 複數Yeshivot）亦稱「耶希瓦」，是培養猶太教拉比的學院，由「學經堂」發展而來。第一所猶太經學院由約翰南・本・扎凱拉比在巴勒斯坦的雅烏內創立，它彙集了大批猶太學者，成為在缺少國家獨立正常條件下，猶太人維持和發展民族文化傳統的中心。

《塔木德》時期，更多的猶太經學院在巴勒斯坦和巴比倫各地建立，成為猶太人學習、研究、注疏、闡釋猶太神學、律法和道德準則的中心和專門場所。巴比倫的蘇拉猶太經學院和蓬貝迪塔猶太經學院最負盛名，得到全世界猶太人的資助，在伊斯蘭帝國以外的廣大地區也有影響，吸引了阿拉伯世界的大批學生。10世紀後，隨著猶太人的遷徙，猶太經學院在北非、西歐等國開辦，後來凡是有猶太人聚居之處，都有猶太經學院出現，其規模也在擴大。1492年西班牙驅逐猶太人，猶太人遷至東歐地區，又建立起許多有影響的猶太經學院。這些學院的首要目的不是培養拉比，而是專門傳授《塔木德》，旨在培養忠於《妥拉》、熟悉《塔木德》、有知識、有教養，決心獻身猶太教、按猶太教教義生活的猶太人。如今

著名的猶太經學院集中在美國和以色列，它們不僅教授宗教經典，也開設哲學、天文學、醫學、數學等世俗課程，為傳播和延續猶太教、猶太文化、維護猶太人的團結發揮著極其重要的作用。

科來爾

科來爾 (Kolel) 意為「全面」、「無所不包」，指設在猶太經學院內的研究和學習猶太經典的高級機構，專門為有家庭的猶太青年設立。科來爾最早由立陶宛著名拉比以色列·本·撒蘭特 (Israel Ben Ze'er Salanter, 1810～1883) 創立。1878年，他在柏林結識一位猶太巨富，勸其開辦一所高級猶太教經學院，為那些已結婚成家，有妻子、兒女，但又願意把自己一生獻給《妥拉》研讀事業的猶太男子提供一個學習場所，同時也為他們提供維持家計的生活費用。在以色列國成立前，科來爾也指那些從同一地區移居巴勒斯坦，靠猶太人捐贈，維持生活的阿什肯那齊猶太人團體。大多數科來爾由極端正統派猶太教徒組成，他們不從事任何職業，終日沉浸在對猶太教經典的閱讀中，在生活上嚴格遵守猶太教誡律，是最保守的猶太人。20世紀60年代以後，科來爾在以色列迅速發展，幾乎遍及所有猶太教經學院，成為一個引人注目的現象。

教派大學

耶希瓦大學

美國猶太教正統派最大、最古老的高等院校，1897年創

建於紐約，1945年獲得大學地位。其宗旨是把西方科學思想
與猶太教的傳統價值相結合。該校設有專門培養拉比的猶太
神學院，還開設了數學、物理、法律、醫學、教育學、心理
學、閃語學、社會工作等專業學科。為了獲得學位，學生們
既要學習世俗科學知識，也要學習猶太學科知識。該校設有
女子高等專業學校、師範學院和猶太學研究中心，培養公務
員和塞法爾迪猶太人社區的拉比。1973年該校設立了猶太博
物館，1977年建立了納粹屠殺歐洲猶太人研究中心，同年又
在洛杉磯建立分校。該校在美國猶太人的精神生活和社會生
活中一直發揮著重要作用。

希伯來聯盟學院

　　希伯來聯盟學院 (Hebrew Union College) 是美國第一所
改革派拉比學院，1875年由美國改革派領袖伊薩克·懷斯拉
比在辛辛那提建立。自創立以來一直是美國培養改革派拉比
最重要的猶太神學院。學生們在修完正規大學的四年學業後，
還要在這所學院學習五年。猶太教改革派鼓勵婦女學習。20
世紀70年代起，該院開始任命女拉比。

美國猶太神學院

　　美國猶太神學院 (Jewish Theological Seminary of Ameri-
can) 為美國保守派猶太教教育機構。於1886年由美國猶太教
保守派領袖薩巴塔·莫萊司等人在紐約創立，初名為猶太教
神學協會，在紐約一猶太教會堂中開課。1902年著名猶太教
學者所羅門·謝希特擔任第二任院長時改為現名，他修改了

學校章程，建立了下設機構：師範學院（1909年創立）、宗教與社會學研究所（1938年創立）、哈贊和猶太音樂學院（1952年創立）、洛杉磯猶太教大學（1947年創立）等，培養拉比、教師、哈贊和猶太教會堂管理人員，這些機構均有資格授予學位。謝希特強調信仰對傳統需要的許諾，主張應根據社會發展作必要的調整，並要發揚猶太教傳統中的積極成分。他聘請了許多傑出的猶太學者來此執教，使該學院成為保守派猶太教學術與精神中心及培養美國猶太教保守派神職人員的基地。現在，該院在美國還主辦紐約市猶太教博物館等機構，在耶路撒冷設有分院和研究所。

第七章

猶太教習俗與外在標誌

猶太人的生活中，最重要的事莫過於要守安息日。

安息日是猶太人每週一天的休息日，

也是猶太教中最神聖不可侵犯的聖日。

安息日指從週五下午日落到

週六下午天空中出現第一顆星星時結束。

猶太人必須在週五落日之前待在家裡。

信奉宗教的猶太人深信

遵守安息日的誡律甚至比生命還要重要。

בראשית

第一節　習　俗

讀「首麻」

　　「首麻」（希伯來語，意為「聽著」）是所有猶太祈禱詞中最重要的一段祈禱詞。這段祈禱詞告訴以色列人他們應該做什麼。「首麻」被看作是猶太教最早的信條，猶太教信仰的基本精髓體現在「首麻」中。根據傳統，每個猶太人早晨睜眼醒來時和晚上臨睡前，都必須朗讀下面這段「首麻」，宣稱他們對惟一上帝的信仰。

> 以色列啊，你要聽！上主——我們神是獨一的主。你要盡心、盡性、盡力愛上主——你的神。我今日所吩咐你的話都要記在心上，也要殷勤教訓你的兒女。無論你坐在家裡，行在路上，躺下，起來，都要談論。也要繫在手上為記號，戴在額上為經文；又要寫在你房屋的門框上，並你的城門上。（〈申命記〉6:4-9）

　　正是從這一段「首麻」詞裡，可以看出為什麼猶太教徒把經文護符匣綁在頭上和臂上，為什麼大多數猶太人把意味著祝福的「美祖扎赫」釘在門柱上。

　　西元135年巴爾‧科赫巴領導的猶太人大起義失敗，起義

的精神領袖阿基巴·本·約瑟遭受羅馬士兵折磨時，一直不斷地誦讀「首麻」，直至殉難。為此，後世的猶太人在受迫害時，也以阿基巴為榜樣，背誦「首麻」，以申明自己堅定信仰和熱愛宇宙獨一的上帝。虔誠的猶太教徒在彌留之際也忘不了在斷斷續續地念誦「首麻」之後離開人世，作為他們對上帝正義與仁慈信心的一種表達。

祈禱

　　虔誠的猶太人一直尋求以其全部所有來熱愛上帝。他們認為祈禱 (Pray) 是表達一個猶太人態度與情感的方式，因此努力找出許多理由來祈禱。據說當他們看到天上星星落下、彩虹出現，當他們聽到雲中雷聲轟鳴、當他們發現春天樹枝上萌發出第一粒新芽、當他們把美祖扎赫釘在門柱上時、當他們坐在住棚節的小棚子裡時、甚至當他們看到一個非常高或者很矮的人時，都要祈禱。

　　猶太人日常使用的祈禱書，是一本希伯來文與阿拉米文祝詞和祈禱詞彙編，名為《西都爾》(Siddur, 希伯來語音譯，意為「祈禱順序」)，是平日和安息日所用的祈禱書，內容包括《塔納赫》、《塔木德》段落和精選的中世紀拉比和詩人的作品。

　　猶太祈禱詞用希伯來語或其他地方語言來誦讀。有些猶太人相信，無論用何種語言來祈禱，不管它是法語、英語、西班牙語或俄語，上帝都會明白祈禱者的心意。

　　虔誠的猶太人一天祈禱三次：早上、下午、傍晚，有時在家，有時在猶太教會堂裡，通過祈禱和誦讀祝福詞來表達他們對上帝的讚美、感激、堅信和對美好前途的希望。祈禱時，要戴上「卡巴」或「亞姆路克」(參見本章第二節之「其他標誌」)蓋住頭部。這三次祈禱被稱為「心的禮拜」。

晨禱

　　猶太教徒每天上午進行的祈禱儀式，是一日三禱中最重要的一次祈禱，是每日惟一的一次男教徒要遵從《妥拉》誡命，披上四角有穗的「塔利特」(祈禱披巾)，繫上「塔夫林」(經文護符匣)的祈禱。傳說，晨禱 (Shacharith) 是為了紀念猶太人始祖亞伯拉罕。在聖殿被毀後，猶太教拉比稱晨禱是替代耶路撒冷聖殿中每日舉行的晨祭。在晨禱儀式中，人們要在天剛剛破曉時誦讀「首麻」，以便在太陽出來時正好讀完；緊接著誦讀〈阿米達〉及其他禱詞；禱詞誦讀完後，還要口誦一系列祝禱。晨禱分為個人的和公共的兩種。個人晨禱在家中進行，每日醒來，洗漱之後，早飯之前，要戴上卡巴小帽，手裡拿著禱告書，進行祈禱。公共晨禱通常在猶太教會堂中舉行。

午禱

　　猶太教徒每日下午進行的祈禱儀式，在一日三禱中最簡短。它是為了紀念猶太人先祖以撒，源自〈創世記〉24:63「天將晚，以撒出來在田間默想……」。拉比時期，午禱 (Minchah) 被解釋為紀念耶路撒冷聖殿傍晚舉行的獻祭羔羊習俗。習慣

上，午禱在猶太教會堂裡舉行，盡可能在傍晚進行，內容是誦讀〈阿米達〉等。

晚禱

猶太教徒每天晚上進行祈禱的儀式。根據猶太教習俗，晚禱 (Maariv) 是為了紀念猶太人祖先雅各在晚上睡夢中得到上帝賜福一事，在晚禱時，上帝常被比作「光」。晚禱在天黑後進行，以誦讀〈詩篇〉有關章節開始，隨後是兩段對上帝的讚頌，其中一段感謝上帝把《妥拉》曉諭給以色列人，接下來誦讀「首麻」，然後再誦讀一段對上帝的讚頌，感謝上帝幫助以色列人擺脫受埃及人奴役的困境，最後是為和平與耶路撒冷聖城祈禱。有時還要默誦〈阿米達〉和〈卡迪什〉 (Kaddish, 阿拉米語譯音，意為「神聖」，猶太教最古老的祈禱文之一)。

附禱

猶太教的附加祈禱儀式，主要在安息日、三大朝聖節、猶太新年、贖罪日和新月節的早禱儀式後進行。附禱 (Musaph)來源於《塔納赫》有關上述節日的早、晚兩祭時要增加公祭的禮儀規定。第一、第二聖殿時期，這一祭禮通常在正常的晨祭之後進行。聖殿被毀後，祭禮改為祈禱，並開始制度化。附禱的內容主要是重複誦讀〈阿米達〉，先由參加禮拜的人個別誦讀，然後由正式的誦經員代眾誦讀。自19世紀以來，猶太教的改革派和保守派趨向取消這一附禱，或將其與其他儀式合併。

誦讀〈阿勒努〉

　　〈阿勒努〉(Alenu)是猶太教禱文。「阿勒努」為禱文的發端語，希伯來文，意為「這是我們的責任」。自12世紀以來，此禱文就在每天日禱中使用，先是在晨禱結束時誦讀，後來，在午禱、晚禱結束時也要誦讀。

　　〈阿勒努〉被認為是猶太教最早的禱文之一。傳說〈阿勒努〉是約書亞撰寫的，也有人認為：它是在第二聖殿時期，由猶太教公會長老們所寫。學術界認為它是在西元3世紀，由巴比倫猶太經學院院長拉夫所作。禱文主要是對上帝天國的讚揚。第一部分是對以色列民族被揀選出來侍奉上帝，以及獨信一神之事而向上帝謝恩；第二部分是期望彌賽亞時代到來。禱文結語是：「上主必做全地的主，那位上主必為獨一無二的，祂的名也是獨一無二的。」

誦祝福

　　對於猶太人，宗教禮儀與活動是一種把信仰化為行動的方式。信仰宗教和關心社會的猶太人感到最重要的時間是每個新的一天，每個人在新的一天的舉止行為如何，是猶太人評判他人的依據；因此虔誠的猶太教徒總是以平等待人、注意他人的長處、尋求充足的理由能一天說一百個祝福詞的方式，使自己的生活特殊化。

祝福詞

　　祝福詞 (Berakhah) 為猶太教禮儀用祝禱詞，指向上帝表

達讚美或感恩之詞。在猶太教會堂禮拜儀式中，私人祈禱及
其他場合（如執行誡命前或脫險後）時誦念。禱文一律以「蒙
福」一詞開始，以「願上主，我們的上帝，宇宙之王蒙福」
起首，連接讚美和感恩之詞為一段。為猶太教會堂禮拜和私
人祈禱的核心內容。拉比要求人們每日誦念一百次。

用餐祝福

　　每頓飯前與飯後，傳統猶太人都要背誦一段祝福詞，感
謝上帝為全世界提供了足夠的食物，儘管這可能與要吃的食
物完全不同。最普通的祝福詞是：「啊——上主，我們的上帝，
宇宙之王，他把麵包帶到地球上。」

守安息日

　　猶太人的生活中，最重要的事莫過於要守安息日。安息
日（Sabbath, 希伯來語音譯，意為「休息」）是猶太人每週一
天的休息日，也是猶太教中最神聖不可侵犯的聖日。安息日
源自〈創世記〉1章：上帝在六天內創造了宇宙萬物，第七天
完工休息。〈出埃及記〉20:2–17的〈摩西十誡〉第四誡規定：
「當記念安息日，守為聖日。六日要勞碌做你一切的工，但
第七日是向上主——你神當守的安息日。這一日你和你的兒
女、僕婢、牲畜，並你城裡寄居的客旅，無論何工都不可做；
因為六日之內，上主造天、地、海，和其中的萬物，第七日
便安息，所以上主賜福與安息日，定為聖日。」命令猶太人要
謹守安息日，要把它視為神聖的日子。

　　安息日指從週五下午日落到週六下午天空中出現第一顆星星時結束。猶太人必須在週五落日之前待在家裡。在安息日，猶太人全天不工作、不做生意、不購物、不旅行、不燒煮、不娛樂、不參加公眾活動，但可以雇用非猶太人從事禁止猶太人在安息日所做的工作。在安息日，猶太人也不能抽煙、攜帶錢款、生火、滅火、開燈、關燈、按電鈕、走長路、不准乘車或利用其他公共交通工具到猶太教會堂，停在港口的輪船不准起航。信奉宗教的猶太人深信遵守安息日的誡律甚至比生命還要重要。在他們看來，上述規定並非負擔，而是使其脫離日常工作的艱辛，全身心地休息一天。在安息日，他們專事敬拜上帝的休息、祈禱、學習、唱歌和交談。

　　猶太人最重要的習俗是以家庭為中心過安息日。在安息日的前一天，猶太人為不觸犯「守安息」的規定，要預備次日飯食菜肴（通常是一週最好的飯菜）。把屋子打掃得乾乾淨淨，全身沐浴得清清爽爽，換上最好的新衣服，精神煥發地等待安息日來臨。街上，人們會親切熱情地相互問候「沙巴特•沙婁姆」（安息日快樂）！

　　週五日落前媽媽點亮安息日蠟燭，接著，她將雙手在火焰上方朝自己的臉揮三揮，再用雙手蒙上雙眼，背誦起古老的祝福詞「吉都什」（Kiddush, 專門的祝福詞）：「祝福您上主，我們的上帝、宇宙之王，您通過〈十誡〉使我們至聖，命令我們點燃安息日之光。」 隨後，輪到爸爸給孩子們祝福。接著，媽媽在吉都什酒杯和「哈拉」（Challah, 一種擰成麻花狀

式樣的麵包，代表猶太人在西奈曠野流浪時上帝賜予的「嗎哪」)上輕聲背誦向上帝表示讚美與感恩的祝福詞，接下來全家人一起唱歌，歡迎安息日的到來。

安息日來了，它是一種難以形容的特殊感覺，卻如同眼前這雪白潔淨的桌布、閃閃發光的銀器、熱騰騰的可口食物一樣讓人能感受到。

接著，爸爸右手握著盛滿葡萄酒的酒杯，誦讀〈創世記〉中有關安息日的章節，又在酒上誦讀兩段「吉都什」：讚揚上帝製造了美酒，感謝上帝創造了安息日並引導猶太人逃出埃及。祝禱後，全家人為安息日舉杯飲酒慶祝。在洗手禮結束後，全家開始吃安息日晚餐。首先由爸爸在兩個「哈拉」上背誦另一段「吉都什」，再撒上鹽，然後大家一起吃麵包。

吃飯時全家人自由自在地談話聊天，還要唱許多好聽的讚美詩。這些餐桌讚美詩叫「茲米洛特」(Zemiroth)，猶太人家家戶戶在安息日晚餐時都要吟唱這些充滿對上帝強烈之愛的讚美詩。

在安息日晚餐結束時，全家人聚在一起，舉行一個「哈夫塔拉」儀式：家人要在一支紐絞的蠟燭燭光上誦讀一段祝福詞，在一個酒杯和一個裝有香料的小香壇(Spicebox)上背誦安息日的特別祝福詞，人們一邊相互傳遞香壇，一邊在傳遞過程中依次吸聞一下它的香味。在整個安息日中，這個小香壇要一直散發著芳香，人們希望這香氣會被帶入新的一週。人們還要往「策達卡小盒」裡投入幾枚硬幣。

　　餐後爸爸和兒子們去猶太教會堂參加活動。爸爸回來時要祝福孩子們，並以〈詩篇〉31章的詩句讚美妻子。

　　週六早上全家人參加猶太教會堂的禮拜，男子們身披「塔利特」，誦讀本週的《妥拉》章節和其他頌詞；下午家長們在猶太教會堂裡讀經或在家中教導子女讀經、學道。

　　對於猶太人，安息日有一種特別喜悅、平安和滿足的氣氛。有些猶太人甚至認為在這一天嚐到了來世喜悅的滋味，甚至傳說：在安息日每個猶太人都被賦予了一個多餘的靈魂，因為安息日的喜悅是如此之大，一個靈魂實在難以容得下它。尊奉安息日為聖日的傳統，自古維持了猶太民族的統一，使猶太人欣然銘記他們與上帝之間的永久盟約，對於保留猶太教，起到了重要的作用。

安息日聯歡

　　猶太人習俗之一。通指安息日之夜或白天舉行的聚會。此習俗源自〈以賽亞書〉中先知以賽亞稱「安息日為可喜樂的日子」一說。為此猶太人常在安息日到來時，在猶太教會堂或在家中舉行各種形式的聚會。20世紀以來，猶太人進一步充實了這一習俗的內容，在安息日下午舉行安息日聯歡 (Oneg Sabbath)活動，內容包括在用餐時或飲酒後吟唱安息日頌歌、集體研讀《塔納赫》、發表演講或進行討論、欣賞音樂、共同品嚐各種水果點心。現在，這一習俗的社交因素已遠遠超出其宗教因素，成為猶太人聚會的一種流行方式，為越來

越多的猶太教會堂和猶太人社團所採用。

安息年

　　猶太教每七年一次的聖年稱為「安息年」(Sabbatical Year)。據〈利未記〉、〈申命記〉記載，上帝在西奈山訓示摩西：以色列人到迦南後，應該六年耕種，第七年讓土地休息，不可播種、耕作，因為這是上帝的安息年。在安息年十二個月裡，隨地上長出什麼，都應接濟貧困者；以色列人之間互相借貸的債務，應予豁免。

禧年

　　猶太教每隔四十九年一次的聖年稱為「禧年」(Year of Jubilee)。在七個安息年後的第一年，即第五十年，被認為是大喜之年，故名。據〈利未記〉記載，此乃上帝為以色列人所定。這一年全國實行大赦，所有被賣掉的田地，應全部歸還原主；所有希伯來籍奴隸，應一概被釋放，獲得自由。如同安息年，禧年亦為休息之年。

繳納什一捐

　　猶太教律法規定，教徒應將本人收入的十分之一捐獻給聖殿或教會，為宗教事業用。什一捐 (Tithe) 可以農作物、牲畜或金錢的方式繳納。第二聖殿時期，猶太教再次強調什一奉獻的責任，稱履行者必能加倍獲得上帝的佑護與報答。

飲食禁忌

卡什魯特

猶太教飲食誡律。初載於《妥拉》，後在口傳律法和拉比法則中有所發展。禁止食用「不潔」的食物 (Terefah)。「潔淨」（Kosher, 也譯為「可食」）食品食用前，須作特殊處理。卡什魯 (Kashrut) 特誡律旨在維護猶太人的聖化意識和凸顯其上帝揀選的子民身分。

科謝爾飲食法則

飲食禁忌是猶太教徒明顯的標誌，猶太人要遵循科謝爾（Kosher, 按照〈利未記〉11章和〈申命記〉14章的嚴格規定），把食物分為潔淨與不潔淨兩種，凡不潔淨的食物不得食用和接觸。

按猶太教規定，凡植物、禽類都可吃，獸類則只准吃偶蹄類反芻者，事實上只有牛、羊、鹿肉可食，豬、兔、馬、駱駝肉等為不潔淨，不能食。因老、病和非正常性死亡的牛、羊、禽類也是不潔淨的，不能食。猶太教還規定不准吃生肉，不准同餐吃牛羊肉、飲牛奶，不准吃帶血的食物，不准吃牛、羊腹膜下的脂油，不准吃牛、羊蹄筋（因〈創世記〉記載，猶太先祖雅各與天使角力而傷腿筋，為此猶太教徒宰牛、羊時挑去腿筋不食）。凡在水中、陸地或空中靠食腐物為生的動物，包括無鰭、無鱗、無骨、有殼類的水生動物，如：鰻魚、蝦、龍蝦、蛤蚌、帶殼魚等，也都被認為是不潔淨的，不得

食用。

禮定屠宰法

　　可以食用的動物要由一名受過專門訓練、經過考試合格並註冊了的屠師「索海特」(Shochet) 屠宰。索海特這一行業通常是父子相傳。他必須採用猶太教特有的屠宰方法 —— 禮定屠宰法。根據猶太教規定，只有禮定屠宰牲畜的肉方可食用，否則被視為「不潔淨」而不得食用。索海特在屠宰動物時，必須一刀致死，屠刀必須直接切斷被屠宰動物的頸部，不得扎刺、戳殺，也不得自內而外地挑斷其食管或氣管。屠宰用刀不得有半點缺損，刀口不得傷及除頸部以外的部位。這種屠宰法使動物的血迅速地從體內排出，以使之經歷很小的痛苦。當這個動物被完好地屠宰後，要將肉泡在冷水裡，加上鹽，以清除掉肉中所餘的血。索海特進行禮定屠宰時，必須有合格的屠宰巡禮員在一旁檢驗動物，觀看屠宰過程，確認是否合禮。屠宰好的肉類必須由屠宰檢查員打印或包裝，方可作為科謝爾食品出售。直到現在，有些特別虔誠的猶太教徒只吃本派拉比檢驗、由本派教徒製作的罐裝牛、羊肉。如果這些罐頭吃完，他們就以蔬菜、水果充饑，連餐館的餐具也不使用。他們也不飲非猶太人參與釀造的酒。

猶太家庭主婦的責任

　　一個猶太家庭主婦的責任是維護這個家庭的宗教純潔。她負責的許多義務之一是確保所吃食物是符合科謝爾飲食法則的食物。她不可準備肉奶混合的食品、不准同時端上肉和

奶製品、或讓家人同時食用肉與奶製品。在食用奶製品後，必須等待20分鐘或更長的時間才可再吃肉類食品。傳統的猶太家庭主婦要備兩套餐具，一套用來吃肉，一套用來盛奶製品。此外，她還要備兩個洗碗池和兩套茶巾。

淨禮

淨禮 (Ablution) 是猶太人遵照猶太教規，洗滌全身或身體某一部位的禮儀。其涵義是祈求淨化心靈或表示奉獻。猶太教律法規定：婦女在結婚前和月經之後，必須在淨身池淨身，受全身浸入水中之禮。律法還要求人們在猶太聖日必須全身淨潔；為此，猶太男子往往在安息日和主要節日到來之前在淨身池行浸身禮。此外，根據教規，皈依猶太教者在入教前也要在淨身池行浸身禮。猶太教對浸身禮有一系列詳細規定，如：淨身池必須清潔，男子在行浸身禮時，要在水裡沉浸四下，象徵聖主名字使用的四個字母等。

洗手禮

猶太教規定：猶太人每天起床後、用餐、祈禱、點亮蠟燭儀式前，都必須儀式性地洗淨雙手，使用專門用於淨禮的銅壺盛清水受洗。

淨身池

淨身池 (Miqve) 是猶太教徒依照宗教禮儀沐浴淨身的場所。《密什那》對淨身池水質和水量有詳細規定，如：必須使用天然清水，池水必須流動等。任何一個猶太人社區必須擁

有一處淨身池。它們大多設在猶太教會堂內，供全體社區人員使用。現在，除正統派猶太教徒仍繼續履行這一規定外，絕大多數猶太人已不再行淨身禮，淨身池的數量也日漸稀少。

第二節　外在標誌

美祖扎赫

　　猶太人進出大門時，都要吻或摸「美祖扎赫」（Mezzuzah，意為「祝福」），以表示不忘對上帝的信仰和對誡律的遵守。美祖扎赫是猶太人掛在門柱上的經文楣銘，是猶太人家的標誌，提醒人們履行對上帝的宗教義務之物。它是一個用金屬、木頭、玻璃等物質做的小牌，裡面有〈申命記〉6:4-9、11:13-21的兩段經文。第一段經文的前兩句為「首麻」中的一段話「以色列啊，你要聽！上主──我們神是獨一的主。你要盡心、盡性、盡力愛上主──你的神」，表達了希望猶太人真誠愛戴上帝的願望。第二段經文表達愛上帝的人必得善報，背棄上帝的人必遭懲罰。兩段經文必須採用希伯來文，以特殊的書寫方法抄錄。在抄錄過程中不能有錯，不能塗改。經文背面是「萬能之主」四個希伯來文詞的第一個字母。抄錄好的小羊皮紙卷經過祝福，或疊成褶，或束成卷，夾在此牌中，然後將它斜掛在門框右側離地面約1.75公尺之處，牌頭斜對著房間。在以色列，所有國家機關、住宅、房間的門上都掛著

美祖扎赫。人們還製作出美祖扎赫式樣的項墜或耳環等裝飾品。

經文護符匣（塔夫林）

根據猶太教規定，除了安息日和節日外，13歲以上的猶太男子在每日晨禱時必須佩帶經文護符匣（Phylacteries, 希臘文，原意為「護身符」；希伯來語稱為「塔夫林」，Tafflint, 意為「祈禱」），以表示對上帝的敬意和對誡律的遵守，這種做法可以追溯至西元前3世紀。猶太人認為佩帶經文護符匣，會受到上帝的庇護，不受魔鬼之害。

經文護符匣由兩只約2英吋見方的黑色皮革小匣及與皮匣相連的黑色皮帶組成。一個戴在前額上方，一個繫在左臂上方。頭部所佩帶的經文護符匣四面各有「萬能之主」四個希伯來文詞的第一個字母，其內分成四小格，每格中都放有一條寫有一段希伯來文經文的特製羊皮紙，折為四層。這些經文是以特殊書寫方式抄錄的。經文內容源自〈出埃及記〉13:1–10、11–16，〈申命記〉6:4–9、11:13–21。手臂上所佩帶的經文護符匣不分格，其中只有一段經文——〈申命記〉6:8:「也要繫在手上為記號，戴在額上為經文。」這些經文全囑咐猶太人全心全意地敬愛上帝，聽從上帝的誡命。

佩帶經文護符匣的程序有相當嚴格的規定：佩帶時必須站立；那只不分格的方匣置於左臂肘內側，匣面朝向心臟方向，匣盒由與之相連的皮帶固定；皮帶先要在左小臂上繞七

圈，然後在手掌上繞三圈，組成一個代表上帝的希伯來文字母，最後繞在中指上。另一只方匣置於前額中央，一般在髮線之上，由與之相連的皮帶在頭的後部打結固定，皮帶的剩餘部分經兩肩放置胸前。這一佩帶程序是為了使教徒在祈禱前排除雜念、專心祈禱。生活在穆斯林地區的猶太人將經文護符匣的帶子順時針纏繞，生活在基督教國家的猶太人將經文護符匣的帶子逆時針纏繞。現在大多數猶太人已不再佩帶經文護符匣，只有正統派猶太教徒還遵守這一年代悠久的古老傳統。

塔利特

　　根據猶太教規定，13歲以上猶太男子在平日晨禱、安息日、節日時必須披戴祈禱披巾——「塔利特」(Tallit)，以時時提醒猶太人與上帝訂立的契約和承擔的義務。

　　塔利特為白色亞麻布長方形披巾，長150公分、寬115公分，兩邊留有流蘇，四角各有一個小孔，帶結的繩穗穿孔而過，這是根據〈民數記〉14:38-40指示「你吩咐以色列人，叫他們世世代代在衣服邊上作繸子，又在底邊的繸子上釘一根藍細帶子。你們佩帶這繸子，好叫你們看見就記念遵行耶和華一切的命令，不隨從自己的心意、眼目行邪淫，像你們素常一樣；使你們記念遵行我一切的命令，成為聖潔，歸與你們的神。」塔利特兩端還橫貫有若干藍色或黑色條紋。流蘇、繩穗和繩上的結代表猶太教的六一三條誡律（其中流蘇代表

六〇〇，四條繩穗代表八，繩上的結代表五），藍色或黑色條紋象徵猶太人對耶路撒冷聖殿被毀一事的哀悼，以色列國國旗由此演變而來。

塔利特曾一度做成長袍或斗篷穿在身上。根據〈申命記〉22:12的指示，「你要在所被的外衣上四圍做繸子」，所以這些長袍呈四角形，流蘇毫無掩飾地綴附於其外。後來，由於宗教迫害，流蘇往往綴附於其內層，使佩帶者暗中遵循誡命。在大流散期間，為避免遭受異教迫害，猶太拉比決定猶太人只在猶太教會堂和家中舉行宗教儀式時使用塔利特，不必整日披戴。現在，一般猶太人只是在舉行宗教儀式時使用塔利特，正統派猶太教徒則整日披戴。一般猶太人在祈禱時只將塔利特披在肩上，而正統派猶太教徒則把它頂在頭上，用它同時覆蓋頭部、頸部和雙肩。

塔利特作為猶太教的重要禮儀用品，不僅是父親在兒子舉行成年禮時必送給他的禮物，也是新娘在結婚時必送給新郎的結婚禮物，而且是猶太人死後入殮的隨葬品，與死者一同入土下葬，但流蘇與繩穗應當除去，因為經典規定流蘇與繩穗僅用於生者。

其他標誌

四角巾

四角巾 (Arba Kanfot) 指基本形狀與「塔利特」相仿的小披巾，長方形、白色基調、有藍色或黑色條紋貫穿其中，四

角帶繩穗。它的尺寸較小，並帶有領口，可穿在外衣內。

卡巴

「卡巴」(Kippah) 是一個針織或鈎編的小圓片，有藍、白、黑、花等顏色。猶太男子用它遮住頭頂的一部分，以示對上帝的敬畏。正統派猶太教徒整日戴著，作為崇敬上帝的標誌，因為他們相信上帝隨時與他們同在。大多數猶太人在猶太教會堂裡祈禱時戴。現在，「卡巴」不僅是保持猶太教信仰的標誌，還成為猶太男子喜愛的飾物。

第八章

猶太教的人生禮儀

猶太教不但是一種古老的宗教，也是一種生活方式，

它以其獨特的宗教禮儀，

記錄了猶太人生命中每個重要時刻：

出生、青春、結婚和死亡，

形成一個完整的生命禮儀體系。

猶太教的人生禮儀充實了猶太人的生活、

顯示了他們的信仰和民族歸屬、

表達了他們對上帝的忠誠，

起到了維護民族穩固與團結的作用。

בְּרֵאשִׁית

　　猶太教不但是一種古老的宗教，也是一種生活方式，它
以其獨特的宗教禮儀，記錄了猶太人生命中每個重要時刻：
出生、青春、結婚和死亡，形成一個完整的生命禮儀體系。
猶太教的割禮與命名禮強調了猶太人作為上帝揀選的子民身
分，猶太教的成年禮和婚禮儀式給猶太人以指導和教誨，幫
助他們適應新的角色和要求，猶太教的喪禮與葬禮則給猶太
人以安慰。猶太教的人生禮儀充實了猶太人的生活、顯示了
他們的信仰和民族歸屬、表達了他們對上帝的忠誠，起到了
維護民族穩固與團結的作用。

第一節　　出生與成年禮儀

割禮與命名

　　在古代，當猶太人家有一個兒子出生時，會立刻派人把
這個喜訊帶給孩子的父親，「你生了一個男子漢！」這位父親
會懷著極大的喜悅哭喊，因為得到一個兒子被視為一個偉大
的祝福。《塔納赫》說「要果實累累、多產多收」。

　　猶太教規定：每個猶太男嬰出生後的第八天，家人要為
之行割禮儀式，稱為「布瑞特·米拉赫」(Brit Milah)，即：
用石刀割損嬰兒的陰莖包皮，作為立約的標誌，表明他繼承
了亞伯拉罕與上帝雅赫威所訂立的契約，成為「上帝揀選的
特殊子民」。

　　割禮作為猶太人忠誠、歸順上帝的象徵，始於亞伯拉罕時期。亞伯拉罕被視為遵從上帝的第一個榜樣，他在99歲時，毫不猶豫地在自己的陰莖包皮上行了割禮，作為一個犧牲的先例、一份契約的象徵。在這份契約中，上帝同意成為亞伯拉罕及其後裔的神聖保護者，這份契約成為自稱「契約民族」的猶太人特性的開端。

　　割禮是猶太人生活的一個重要組成部分。每當一個家庭為孩子舉行割禮時，要邀請親朋好友到場，共同歡慶。割禮可以在家裡，也可以在醫院舉行。在《塔木德》中，有一篇〈阿嘎達〉說，上帝曾經命令先知以利亞，無論在任何一位猶太人施行割禮之時，都應該到場。因此，猶太人在舉行割禮儀式時要事先準備好兩把椅子，右首的椅子被稱為「以利亞的椅子」，要以豪華的白布幔和絲綢裝飾。嬰兒在作割禮之前，要先被放在這把椅子上。傳說，這是為了讓他成為一個健康的人。一位長者（嬰兒的教父）坐在左首的椅子上。他把孩子仰放在膝頭上，以備施行割禮。割禮手術由專職割禮醫生「莫海爾」(Moher)或一名醫生來做。儀式開始時，嬰兒由教父抱住，嬰兒的父親吟誦一段特別的祈禱詞：「讚美您，我們的上帝，宇宙的主宰。您用聖諭使我們聖潔，您命令我們的孩子入我先人亞伯拉罕的約」。手術後，行割禮的醫生舉起一杯酒吟誦祈禱詞，並第一次當眾宣布孩子的名字。在場的親朋好友以禱詞「他立了約，因此進入了《妥拉》，進入了婚姻許可的範圍」表示祝賀。嬰兒的父母為這個孩子成為猶

太人而驕傲。

割禮儀式結束後，這個男嬰通過在猶太教會堂舉行的命名儀式，接受了希伯來名字，這個名字將在他的成年禮、婚禮和墓碑上使用。如果這個新生嬰兒體弱、多病，那麼根據醫生的要求，割禮日可以被延長，直到這個嬰兒強壯、健康時。如今，割禮已被認為是有利健康的事情，因為它減少了傳染性疾病乃至癌症出現的可能性。

女嬰們通常在出生後的第一個安息日被抱到猶太教會堂去命名，並因所起的這個希伯來名字，成為以色列人的一部分。她的父親要被叫到誦經壇上誦讀《妥拉》。

改宗猶太教的外族男子在入教時，也要行割禮，以示其與上帝立約，同時標誌其獲得猶太人身分。猶太歷史上，在希臘人、敘利亞人、羅馬人統治時期，許多異族統治者曾強制廢除猶太人的同化標誌——割禮。

贖子禮

贖子禮亦稱「皮德尤恩·哈-本」(Pidyon Ha-Ben)，意為「頭生子贖身儀式」，是迄今猶存的古代猶太教禮儀。這個禮儀源自古代以色列人出埃及時，上帝為了迫使法老允許以色列人離開埃及而採取的擊殺埃及人畜頭生子事件。為了感謝上帝在此期間保護以色列頭生子免遭殺戮，以色列人原打算將這些頭生子奉獻為上帝服務，去充當聖殿的祭司、音樂師或僕人，但後來利未人被上帝指定擔當聖殿裡的祭司等職務，

因而其他人的頭生子擺脫了此任。為此，古代在以色列人家中，當頭生男嬰滿月時，家人要為他舉行贖子禮，向代替他為上帝服務的祭司的男性後裔獻上五舍克勒白銀，以象徵用錢贖回自己的兒子。如今，祭司的後裔常被邀請參加贖子禮儀式，在這個儀式後，接受五謝克。他通常把這筆錢轉交給一個猶太人的慈善事業。

男孩、女孩成年禮

　　猶太男孩、女孩年滿13周歲時都要到猶太教會堂舉行成年禮。男孩成年禮叫作「巴－米茨瓦赫」(Bar-Mitzvah, Son of the Commandment)，意為「誡命之子」；女孩成年禮叫作「巴特－米茨瓦赫」(Bat-Mitzvah, Daughter of the Commandment)，意為「誡命之女」。成年禮當眾表明這個孩子已經成年，將作為猶太人社會的一名正式成員，去履行一個猶太人所應盡的責任。

　　成年禮通常於這個男孩或女孩滿13周歲生日後的第一個安息日，在猶太教會堂早禱儀式上舉行。此前這個男孩或女孩要上好幾年的宗教課和希伯來語課，並花很多時間研讀《妥拉》，準備講演。

　　在成年禮儀式上，拉比要為這個男孩或女孩進行一次特別佈道，著重闡明他或她今後應承擔的責任，尤其是對其家庭和猶太人社會的責任。同時，還要求他或她終身遵守《妥拉》誡律，將其律法知識向子孫傳授。接著這個男孩或女孩

被召喚到聚禮會眾前面，登上誦經壇，第一次用希伯來語向公眾誦讀《妥拉》中的有關章節，這種誦讀常常以一種叫做「綽樸」(Trop)的古老曲調來唱讚；隨後發表成年禮講演，發誓自己將終身遵照猶太教義生活、獻身《妥拉》並對父母的養育之恩表示特別感謝。在誦讀完畢，讀完第二次祝福詞後，受禮孩子的父親走上誦經壇，朗聲說：「感謝阿杜乃（上帝），如今我得以解除對孩子的責任。」

　　成年禮是猶太人生活中的一個非常重要的禮儀。猶太教規定，當一個男孩到13歲生日時，他在法律上就是一個成年人了，可以被算作在公共祈禱時所需的十位成年男子祈禱班成員之一。他必須謹守猶太教的六一三條誡律。

　　舉辦成年禮原因如下：

　　1.它標誌著一個男孩或女孩從此成為一個成人，要遵守猶太教誡律，對自己的行為負責。

　　2.它標誌著這個猶太孩子的教育水準。除正統派外，猶太教其他各派，不僅拉比而且任何成年人都可以主持一個猶太教儀式或引導祈禱。所以成年禮是顯示這個孩子是否充分掌握了猶太教、希伯來語和具備領導聚禮的能力。

　　3.成年禮是猶太人家庭生活中的一件大事，對於這個男孩或女孩及其父母來說，這是一個節日，慶祝儀式像婚禮一樣受到重視。成年禮為大家庭慶祝活動提供了一個重要的機會，在這樣的時刻，許多親戚聚到一起，每個人都會到猶太教會堂裡參加受禮孩子的成年禮儀式；回家後，還要舉行慶

賀成年禮的家宴。此時所有客人都會向受禮的孩子贈送禮物，
表示最美好的祝願。根據傳統，受禮孩子的父親要在這一天
向其子贈送一條猶太祈禱巾 ── 塔利特。

第二節　婚　姻

　　猶太教認為婚姻是人類生活中最神聖的。猶太社會把家
庭視為猶太生活的基礎，非常重視婚姻。在猶太人的觀念中，
一個人若是不結婚，則無論如何都是不會幸福的，因為他缺
少了上帝的祝福。一般講，猶太人鼓勵子女同其他猶太人結
婚。猶太教徒不得與未受割禮的外族人通婚。猶太人婚姻基
本上以一夫一妻制為基礎。男性最佳結婚年齡是18歲，他應
該尋找年齡相近、美麗端莊、溫和柔順、謙遜勤勞、出身於
受尊敬家庭的女性做妻子，在訂婚前他一定要看到自己的未
婚妻。對一名男性猶太人來說，有一個好妻子是最大的福分。
猶太著作《先賢箴言》中講：一個人如果找到了一位好妻子，
他也就找到了美德懿行。猶太人在請求自己選中的女孩子同
意作他的妻子之前，要先徵求她父母的批准。猶太女性12歲
時，父親應該開始為她物色未婚夫。

訂婚

　　在猶太傳統中，訂婚具有非常嚴肅的作用。在雙方訂婚
時，要舉行一個訂婚宴會。在這個宴會上，要宣布「艾如辛」

(Airusin)——訂婚消息，還要寫出一份特殊的婚契——「科圖巴」(Ketubah)，這是一份訂婚雙方及其父母關於婚姻安排的法律協議，明確婚禮的時間、地點、雙方的財務責任、女方的嫁妝，在沒有正當理由而解除婚約時解約方應支付的罰款數（一般為嫁妝款數的一半）。許多繪製漂亮的「科圖巴」在許多年之後依然保存著，富有歷史文獻價值。改革派與保守派猶太教徒也採用「科圖巴」，它們通常有漂亮的裝飾，但缺乏正統派「科圖巴」那樣的具體法律內容。在寫婚姻條件時要打碎一個盤子，這彷彿與在婚禮上打碎一只大酒杯相呼應。如今在大多數情況下，訂婚儀式安排在婚禮即將開始前不久。

在訂婚期間，男女雙方互贈禮品。在舉行婚禮之前的安息日，新郎（Hatan, 哈坦）被叫到猶太教會堂裡去誦讀《妥拉》，新人們的家人也應在場，當新郎誦讀《妥拉》時，人們要向他扔稻、麥、核桃和糖果，祝賀他將來多子多孫。

婚禮前夕，男女雙方應該避免會面。女方必須在婚禮前的某一晚上沐浴。按照猶太教教規受全身浸入水中之禮，以求淨化和表示奉獻。大部分東方猶太人在婚禮前一天夜裡舉行儀式，用紅指甲花染紅女方的手掌（如果她是初婚），參加儀式的只限女性，新娘、新郎的女性親屬和友人。

婚禮

猶太人的婚禮一般不在自逾越節到沙夫幼特節期間舉行，因為這些日子是哀悼日。也沒人願意在阿布月九日之前

「三週」莊嚴肅殺的氣氛中舉行婚禮，更沒人願意在安息日或節假日舉行婚禮。所以6月是新郎、新娘最喜愛的時光。

在猶太教中，婚禮被看作是一個神聖的契約，猶太婚禮儀式被稱為「吉都辛」(Kiddushin)，意為「至聖」。婚姻被看作生活中的新時期，結婚者過去的罪惡都可得到寬恕。在婚禮之日，直到儀式之後，新郎和新娘要齋戒，這樣他們所有的罪孽可以被寬恕，他們可以在清白無染的至福狀態下進入他們「共同的生活」。

按照摩西律法並得到所在國家的准許，婚禮可以在許多地方舉行，可以在一個猶太教會堂裡、一個飯店舞廳裡或一個安安靜靜的拉比書房裡舉行。婚禮通常由拉比主持，程序如下：在婚禮之前，新娘不能離開新娘梳洗間；新郎則要在現成的「科圖巴」上簽字，上面有他對新娘的誓言。然後新郎從主持儀式的拉比手中接過某種有紀念意義的物品，把它舉起來再還給拉比，隨後證人在「科圖巴」上簽字。接著新郎新娘的父親領新郎走到一個由四根柱子支撐的、裝飾講究的結婚華蓋 (Canopy)——「胡帕」(Huppah) 之下，它代表著他與新娘未來的新家，它也象徵新郎的會幕（古代新娘被帶到那裡去）。如無華蓋可由兩個或者四個男人支撐起布幔。新郎、新娘穿著作為純潔象徵的白衣。新郎面對耶路撒冷方向站立，新娘則由手持點燃蠟燭的新郎、新娘的母親引到華蓋下。參加婚禮者陪同新郎來到新娘面前，新郎揭下新娘的頭紗，拉比向新郎、新娘祝福，用〈創世記〉中對利百加說過

的「我們的妹子啊，願你作千萬人的母」作祝詞。新郎的父親把一杯葡萄酒遞給新郎，他稍稍飲一點；新娘的母親也把一杯葡萄酒遞給新娘，她也喝一點。有些猶太人社區，由拉比把葡萄酒酒杯遞給新郎、新娘。接著，當著兩位有權的尊貴證人的面，新郎滑下婚戒（它必須是平滑的，不帶一點裝飾，以確保婚姻生活的平穩和牢不可破）戴在新娘右手食指上。

當他進行這個動作時，他背誦古代的誓言：「按照摩西和以色列律法，這只戒指使你許給我。」然後，當著兩位有權的尊貴證人的面，新郎交給新娘上面寫有：「按照摩西和以色列律法，這份婚契使你許給我」的「科圖巴」──「婚契」，新娘如果接受這份「科圖巴」，就表明她願意作他的妻子。接著拉比或某位尊貴的賓客誦讀「科圖巴」。「科圖巴」是用阿拉米文（古代敘利亞與巴勒斯坦等地通用的閃族系語言）寫的，詳細地記載了在婚姻生活中，丈夫對妻子的權利和義務。保存這份文件是妻子的責任。

接著眾人背誦「七段祝福」，其中一段如下：

祝福您，啊上主，我們的上帝，宇宙之王。是您創造了喜悅與快活，新郎與新娘、歡樂與狂喜、愉快與高興、親友愛與兄弟情、和平與友誼。很快猶大諸城和耶路撒冷的許多街道會聽到這快活與喜悅的聲音、新郎的聲音、新娘的聲音、新人們從他們的華蓋下走出

時的歡呼聲、年輕人從他們唱著歌的宴會中走出來的
聲音。祝福您，上主，是您使新郎與新娘一道歡慶。

　　然後，新娘的父親讓新郎把杯中的酒喝完，新郎用右腳
腳後跟踩碎一個玻璃杯子。這個象徵性行為表示：猶太人即
使在最幸福的時刻，也需要通過嚴肅反省的時刻來平衡；它
也意味著讓所有猶太人記住耶路撒冷聖殿被毀——這一民族
的悲哀。隨著踩碎玻璃的嘎吱聲，婚禮結束了。此後，當著
兩位有權的尊貴證人的面，新郎對新娘說：「按照摩西律法，
同居使你許給我。」在「馬扎爾·透夫」（祝福你們）的歡呼
聲中，新人們被領到單獨房間，在那裡待幾分鐘，並在齋戒
後首次進食，婚宴開始了。

　　全世界各地猶太人的習俗極為不同。在德國，開明的改
革派猶太人可以省略用阿拉米文書寫的傳統「科圖巴」。婚禮
上，新娘在新郎身邊繞七圈，新郎用鞋跟踩碎一個玻璃杯。
在東歐，有些阿什肯那齊正統派猶太新郎在婚禮上，要著白
裝；在婚禮後的一個安息日，要被召到猶太教會堂誦讀《妥
拉》。東方猶太人社團的猶太新娘在婚禮上要穿有大量刺繡和
裝飾的婚禮服，左手舉著婚契，婦女們在她面前跳舞。

結婚者的權利和義務

　　根據《哈拉哈》，丈夫對妻子及其和她所生的孩子有十種
義務和四種權利。

十種義務：(1)保障妻子的生存手段；(2)供給她衣服和住所；(3)和她同居；(4)履行婚書中所規定的財產責任；(5)在妻子生病時保證醫療和護理；(6)如果她被俘，要贖出她；(7)如果妻子在他之前去世，要安葬她，並建墓碑；(8)在他死後妻子仍然是寡婦的情況下，要保障妻子的生存手段，以及妻子在他住宅裡居住的權利；(9)在他死後保障對他們所生子女的撫養，直到這些子女結婚或成年；(10)如果妻子在丈夫之前去世，要保障兒子們的財產繼承權。

四種權利：(1)利用妻子的勞動；(2)占有她的偶然薪資或者她所獲得的物質價值；(3)有權利用她的財產和來自於她的進款；(4)有權繼承她的財產。

離婚

如果夫妻關係不好，特別是在妻子失節的情況下，可以離婚。但必須經過雙方冷靜思考後和地方猶太人社團調解。當為家庭恢復和睦所做的一切努力都失敗後，經男女雙方同意，猶太宗教法庭將發布一份用阿拉米文寫成的離婚書「蓋特」(Get)，在拉比主持下，由兩個見證人簽字，再由丈夫交到妻子手中。這份離婚書使她擺脫了對丈夫的所有婚姻義務，夫婦關係宣告結束。如不經過這個儀式，即便雙方在民政當局辦了離婚手續，猶太教會也不予承認。在大多數情況下，離婚雙方需要先進行一次民事離婚，再由猶太宗教法庭發布一份離婚書，作為宗教機構對這一離婚的確認。

轉房婚

　　猶太人還有一種轉房婚的婚姻習俗，為的是延續那些無子嗣死者的宗嗣。〈申命記〉25:5-10記載：如果有兄弟兩人住在一起，其中一個先死了，沒有留下子嗣，他的寡婦不得再跟外族人結婚。死者的兄弟要盡兄弟的義務娶她。他們的長子要作已死兄弟的兒子，替他在以色列人中立嗣。如果死者的兄弟不肯娶她，她要到城門口見本城的長老，告訴他們：「先夫的兄弟不肯盡兄弟的義務，替他在以色列人中立嗣。」長老們就必須召那兄弟來，跟他商議。如果那兄弟仍然堅持不娶她，她要當著長老們的面走到他跟前，脫了那兄弟的一隻鞋，吐唾沫在他臉上，宣布說：「不肯替兄弟立嗣的人應該受到這樣的侮辱。」在古代以色列，他的家要叫做「被脫鞋之家」。古代猶太教法律規定，寡婦只有在此之後才被准許外嫁他人。在歷史上，猶太人曾多次討論是否應該沿續這一習俗，但始終無一定論。

　　如今在以色列，猶太人的轉房婚出現了新的變化。1950年以色列拉比院規定，死者兄弟必須給其兄弟寡婦「脫鞋權」，以讓她自由出嫁外人；同時還規定，即使死者兄弟有意也不能娶其兄弟寡婦為妻。1953年以色列議會頒布了婚姻法，授權拉比法庭全權處理此事。婚姻法規定，在拉比法庭下令給其兄弟寡婦以「脫鞋權」三個月後，死者兄弟仍不執行，拉比法庭可以判決死者兄弟坐牢。在以色列，「脫鞋」儀式在五

人組成的拉比法庭中舉行。寡婦誦讀〈申命記〉25:5-10內容，然後解開死者兄弟右腳上的鞋帶，脫去鞋（鞋必須是不帶任何金屬飾物的皮鞋），並把唾沫吐到他面前的地上。此後，她便成為自由人。

第三節　喪　葬

喪禮

　　猶太教義教導人們：要以力量和堅強的意志面對人生之輪中的最後事件——死亡。按猶太教思想，生死就像晝夜、寒暑一樣流轉輪回。死亡並不是個人的消滅，而是他開始生命的另一頁。在《密什那》中，猶太聖哲認為地上的生命不過是通向永生之殿的一個走廊；因此，當猶太教徒面臨死亡時往往處之泰然。然而死亡對於猶太人來說依然是一個悲哀的時刻。

　　猶太人認為當一個人要死的時候，不需要一個最終的儀式、一個簡短的懺悔。當一個信奉宗教的猶太人在臨終之際，他會根據傳統，作臨死前的祈禱，「願我的死能救贖我在您面前所行的罪惡，違法與亂紀。讓我分得伊甸園中應得的福分，並讓我讚美為義人所保留的未來的世界。聽著，啊——以色列人，上主是我們的上帝，上主是惟一的主。」如果他過於虛弱，已無法吐出話語時，應請人代他念「首麻」的詞語——

那是他在童年時最先學到的。他還要請老拉比代之誦經、認罪。誦經者說三遍:「去吧!上主將與你同在,送你飛升天堂。」此時,所有在場的人共誦信條(Berakhah)「祝福您,上主,我們的上帝,宇宙之王,真正的審判。」誦經者又背誦七遍信條。在這個猶太人死亡的時刻,在場的直系親屬要撕破上衣領口處,表示心碎和親人離開;要流淚並將一點點眼淚(克瑞阿赫,Keriah──一種悲哀的象徵)抹在他們的衣服上,它們要被展示一個月;要用布蓋上鏡子。亡者咽氣後,其長子或最近的至親以手為亡者闔眼,眾人哭泣,然後將亡者抬到地上仰臥,腳朝房門,用黑袍覆蓋,頭傍點燃的蠟燭,由家屬陪伴,誦讀〈頌讚詩篇〉。屍體至多停放24小時,為了防止屍體腐爛,必須盡快掩埋,即使富有家庭也不例外,甚至對被處死者也有不能在刑柱上過夜的規定。當人們聽到某個人死亡的消息時,他們說的第一句話就是「巴路赫·達延·艾邁特」(Barukh Dayan Emet, 意為「祝福是真正的審判」)。

葬禮

　　下葬前,親人們要在亡者過去常去的猶太教會堂中舉行葬禮,儀式非常簡單莊嚴,無任何獻祭、鮮花。人們只是祈禱和誦讀《塔納赫》。亡者的一個兒子要專門負責代表剛剛死去的父親或母親,誦讀使亡者聖化的祈禱詞──〈卡迪什〉(Kaddish, 阿拉米語譯音,意為「神聖」,猶太教最古老的祈禱文之一)。〈卡迪什〉產生於第二聖殿時期,是猶太人對上

帝英名的祝禱，通常在宗教儀式的主要部分結束時，由主領
人用阿拉米語誦讀，以表示對上帝英名的讚頌、對上帝王國
必將得到建立的堅定信念，對以色列將得到和平的嚮往。會
眾的應詞是：「願上主的大名受祝福，永世無盡。」西元13世
紀前後，出現作為悼念祈禱文的〈卡迪什〉。猶太人認為在悼
念已故親人時，誦讀頌揚上帝的〈卡迪什〉可能有助於亡者
的靈魂得到安寧。〈卡迪什〉通常在葬禮各階段結束時和最後
誦讀。誦讀時，誦讀者必須面朝耶路撒冷方向站立，在會眾
應和之前不得坐下。葬禮一般不准在安息日、贖罪日和其他
猶太節日期間舉行。

　　亡者的屍體在入殮前須洗淨全身、灌以芬芳的膏油，塗
抹上香料，然後以白麻布纏繞，放入棺內，抬往基地安葬。
由於《塔納赫》講：暴露的死屍將污染土地並要受到詛咒，
即使犯死罪者也必須被埋葬。因此古代以色列人死後，多葬
於土墓或天然的山穴中。山穴內設石架，以放屍體。

　　遵從西元1世紀伽馬列拉比主張儉樸的規定，壽衣一般用
原色白麻布；另外可加上亡者生前所披戴的塔利特（猶太男
子披戴的祈禱巾），但流蘇與繩穗要去掉，因為猶太教經典規
定流蘇與繩穗僅用於生者。接著，人們在一處猶太基地埋葬
亡者，這個基地常常被稱為巴伊特·哈伊姆（Bet Hayyim，
意為「永生之地」）。當棺材被土壤蓋上時，全家人和朋友們
一道鏟土並背誦著名的祈禱詞「啊！上帝充滿慈悲」，然後亡
者的兒子們誦讀〈卡迪什〉。

在希臘、羅馬思想的影響下，猶太人信仰靈魂不滅與身體復活，於是墓地被認為十分重要（現代猶太教徒已不再堅信身體復活，但還保持靈魂不滅的信仰）。在漫長的歷史中，被驅逐、到處流亡的猶太人，更把死後歸入猶太人公墓，與民族的命運聯繫起來，而不只是看作個人的葬身之地。因此，猶太教會堂和公墓成為猶太人最關心的地方。許多猶太人臨死時都囑咐子女把他的遺骸運回耶路撒冷，他們相信這樣做可以避免陰間（原指死者靈魂聚居地。古代猶太教徒認為：上帝居於天上，世人居於地上，死人居於地下陰間。陰間分上下，上面是義人等待復活之地，下面是罪人受刑之地，後來此詞專指罪人所居之地要經歷的痛苦）。許多宗教觀念強烈又不能回歸以色列的猶太人認為，生與死在以色列的土地上是一個偉大的誡命，如果他們不能這樣做，至少要帶上一點聖地的泥土伴隨他們走完這最終的旅程。因此總是隨身帶著一小袋以色列的泥土，死後與其一道下葬，象徵「葬於故土」。

信仰虔誠的猶太人不允許將亡者火化。他們把焚屍看成一種極其殘暴的行為，認為只有聲名狼籍的罪犯和死敵才應受這種懲罰。暴屍荒野也被視為上帝對亡者最嚴厲的詛咒。

息瓦

從亡者下葬之日開始起算的一個星期稱為「息瓦」(Shivah, 意為「七日」)，在這一星期裡，所有近親都要返回家裡，對剛剛去世的親人表示哀悼，這是由古代哀悼禮儀演變而來

的習俗。「息瓦」期間，要點燃悼念燈，因為《塔納赫》中有「人的靈是上帝的燈」一說。它用特製的蠟燭做成，放在玻璃或金屬容器內，至少能連續點燃24小時。家中所有的鏡子都要用布遮蓋，象徵一切皆空。

　　整個「息瓦」禮儀都要在亡者家裡進行，因此亡者的所有家屬必須待在家中，要穿上衣領掛有一黑布條的衣服，不能穿新衣，穿皮鞋，只能穿拖鞋、布鞋；不能坐椅子，只能坐在小矮凳或地板上，以示悲哀。每日要在家裡舉行吟誦的祈禱儀式，亡者家屬不動手做事情，只誦讀〈卡迪什〉和其他哀悼祈禱詞，一切接待事宜均由朋友、鄰居安排。親朋好友往往在此期間登門弔唁，表示對亡者的哀悼和對亡者家屬的慰問，人們的談話只限於對亡者的讚揚。男子如滿十人，可在亡者家中舉行正式祈禱，否則，只進行個別祈禱。

　　亡者家屬既不與客人寒暄問候，也不對來訪者表示感謝，以示他們完全沉浸在悲痛和對已故親人的懷念之中。「息瓦」期間的飯菜通常由至親好友安排準備。從葬禮上回來吃的第一頓飯往往由鄰居準備，每人被發給一個煮得很硬的熟雞蛋，這象徵著生命處於死亡之中和未亡人的生活還須繼續下去。弔唁者們來時也會帶來一些糕點、水果和其他食品。

　　為防止亡者的親人過於悲哀，《塔木德》規定「息瓦」的前三天可以流淚，從第四天起只能追思亡者的功德，進行誦讚亡者善行的活動。「息瓦」最後一天的清晨，要舉行結束「息瓦」儀式。亡者家屬以手挽手的方式繞自己的住所一周，表

示「息瓦」結束，隨後家人可以過正常生活。根據傳統，在「息瓦」期間的安息日不守喪，因為安息日是不允許哀痛的，整個家庭要離開家，在一個猶太教會堂參加聚禮活動。此外，逢重大宗教節日喪期立即終止。

祭奠

在亡者去世的第一年，每一天（在傳統猶太人中）或者每一個安息日（在改革派猶太人中），亡者的親人要為他背誦〈卡迪什〉，以示對他的思念與哀悼。在這一年，亡者家屬要避開喜慶、娛樂活動，只在墓地舉行紀念聚會，獻祭墓碑。

當亡者去世一年之後，親戚朋友們再次聚到一起，除去墓碑上面的覆蓋物，向亡者致敬。猶太教不主張以生命祭祀生命，因此猶太人掃墓時不獻花圈，而是用無生命的物體，如用小石子之類代替，以表達哀思。

此後每一年，在亡者的周年忌日（以猶太年曆為準），人們在家中或在猶太教會堂裡舉行紀念儀式，要背誦〈卡迪什〉，日落時要在家中點燃悼念燈和一支代表記憶的蠟燭，它們將燃至第二天太陽落山時，人們以此表達對離開他們的親人的懷念。周年忌日稱「亞爾宰特」（Yahrzeit），是全世界猶太人都遵奉的習俗，許多人在這一天去拜謁親人的墓地。

對隔代的亡者，不再舉行祈禱。猶太人認為悼念亡者也應適度，如果過分悲哀，就是對上帝缺乏信心。因此，隨著時間消逝，親人對亡者的悲痛漸漸淡薄，被認為是自然的、

應該的。這種尊敬和崇敬親人的態度被一代又一代地傳下來。
除周年忌辰日之外，猶太人還在贖罪日、逾越節最後一天，
沙夫幼特節第二天，在猶太教會堂裡，為世界上所有猶太亡
者舉行名為「伊茲科爾」(Yizkor) 的紀念儀式。人們默讀幾段
祈禱詞，在段落中加入亡者的名字。

第九章

猶太教節日

猶太教節日代表著猶太教的基本信條，
有兩大基本特徵：
1.所有節日都與整個猶太民族相關聯，
而不是來源於某個人的生平和業績；
2.所有節日都具有強烈的宗教色彩，
沒有一個節日屬於世俗節，
明顯地反映出猶太文化規範。
這種全民性和宗教性，
造成猶太民族節日與其他民族節日有本質上的差異，
同時也賦予這些節日強烈的猶太屬性。

בראשית

第一節　曆　法

　　猶太人制定了一份獨特、有趣的年曆。這份年曆與西曆不同，是根據月亮的周期制定的，每個月份隨著新月出現的時間開始。每隔二十九或三十天就有一個新月份，十二個類似的月份組成正式的猶太年。這種計算方式，造成了三六五天的陽曆年（太陽年）和三五四天的陰曆年（月亮年）之間的不同。為了彌補這一不同，每到猶太閏年時，要在阿達爾月後加上一個附屬日，叫做「阿達爾·舍尼」（閏日）。這個「阿達爾·舍尼」日加在每十九年中的第三、六、八、十一、十四、十七、十九年中。可以說：猶太年曆是一個陰曆和陽曆相結合的年曆，按十九年為一輪排序，十九年中有七個閏年，它的月份是月亮月份，年卻是一個太陽年。

　　歷史上，由於猶太人社團的自我封閉和一代又一代猶太人習慣於用口口相傳的方式來傳授知識，所以當猶太年曆制定後，並沒有被用文字記載下來。後來猶太人被驅趕出家園，流散到世界各地，再沒有任何中央猶太人社團，也沒有任何關注猶太教律法與習俗的首席權威能回答人們關於年曆的問題，猶太人感到需要一份成文的猶太年曆。於是，在西元前359年，一位被稱為「第二希勒爾」的學者著手制定了一份猶太曆規則。從此，猶太人有了自己的成文年曆。

　　猶太人是根據《塔納赫》中記載的創世之日開始計算年

份的，並以BCE（在共同紀元之前）和CE（共同紀元）取代西曆的BC（西元前）和AD（西元）。西曆2002年也是猶太年曆的5762年。

猶太年曆中有兩個新年──猶太民曆與猶太教曆的新年。猶太民曆新年是「羅什・哈沙納」（意為「一年之首」），在「提市黎月」，根據《塔納赫》記載，上帝是在「提市黎月」創造世界的。這個新年也標誌著以色列地區雨季的開始。現在的以色列國就以「提市黎月」為歲首。但是《塔納赫》也命令猶太人將「尼散月」作為每年的第一個月，因為在「尼散月」（Nisan），猶太人的祖先逃離了埃及人的奴役。

猶太教曆以「尼散月」為歲首。其十二個月份的名稱為：1月「尼散月」（Nisan, 西曆3～4月間），三十天；2月「依雅爾月」（Iyar, 西曆4～5月間），二十九天；3月「希萬月」（Sivan, 西曆5～6月間），三十天；4月「塔慕茲月」（Tammuz, 西曆6～7月間），二十九天；5月「阿布月」（Ab, 西曆7～8月間），三十天；6月「厄路耳月」（Elul, 西曆8～9月間），二十九天；7月「提市黎月」（Tishri, 西曆9～10月間），三十天；8月「赫舍萬月」（Heshvan, 西曆10～11月間），二十九或三十天；9月「基斯拉夫月」（Kislav, 西曆11～12月間），二十九或三十天；10月「特貝特月」（Tebet, 西曆12～1月間），二十九天；11月「舍巴特月」（Shebat, 西曆1～2月間），三十天；12月「阿達爾月」（Adar, 西曆2～3月間），二十九或三十天。

猶太人還發展了一套獨特的占星學體系，將上述每個月

份賦予一個十二宮的標誌，它們相互關聯，代表以色列十二個支族，也代表人體的十二個器官。

猶太人計算日子是從日落到日落，一週有七天。週六是每週的第七天，是從週五傍晚開始計算的。〈創世記〉1:5講：「有晚上，有早晨，這是頭一日。」〈創世記〉的第一日——這個特殊的第一日，不是以破曉的黎明開始的，而是以日落開始的。此後，所有猶太人的日子都遵循了這一秩序，從前一天的日落開始計算日期。

猶太人把劃分時間和將時間聖化的禮儀，作為猶太人生命年輪一部分的特殊慶祝活動，因此猶太教的許多聖日和節日與謝神、感恩、懺悔及歷史事件相關。猶太教節日代表著猶太教的基本信條，如：猶太新年表示獎懲法則、贖罪日表示懺悔、住棚節表示未來世界、沙夫幼特節（五旬節）表示預言和神啟、逾越節表示創造主的洞察力。猶太教強調：這些體現上帝行為的節日是要人們記住猶太史上的偉大事件，使之成為民族統一的因素，凝聚信仰與實踐程度不一的所有猶太人。

猶太教節日有兩大基本特徵：

1.所有節日都與整個猶太民族相關聯，而不是來源於某個人的業績和生平，如：逾越節是回顧猶太民族掙脫奴役和獲得自由。

2.所有節日都具有強烈的宗教色彩，沒有一個節日屬於世俗節，明顯地反映出猶太文化規範。就連猶太新年也是如

此，被看作是「懺悔十日」的開始，並作為「敬畏的日子」
站在上帝面前接受審判。這種全民性和宗教性，使每年的節
日變成了猶太民族一遍又一遍重溫本民族歷史、一遍又一遍
接受本民族宗教教育、一遍又一遍反思自己的特殊日子，在
維護民族團結、保持猶太民族固有文化方面起到了重要的作
用。正是這兩大特徵的存在，造成猶太民族節日與其他民族
節日有本質上的差異，同時也賦予這些節日強烈的猶太屬性。

第二節　節　日

猶太新年

猶太人稱猶太新年為「羅什·哈沙納」(Rosh Hashanah)，
它是猶太人慶祝新的一年開始的節日，也是猶太教中僅次於
贖罪日的至高聖日。它在猶太教曆7月「提市黎月」（西曆9～
10月間）1～2日舉行慶祝。猶太人認為所有人在這一天都要
受到上帝的審判，上帝對每個男人、女人和孩子的審判結果
都被記在羅什·哈沙納的生活天書上，並在贖罪日封印，因
此這一天也稱作「審判日」。

猶太教要求教徒在節前一個月內，省察個人所有行為，
認罪悔改、決志更新，但不要求他們齋戒。猶太新年又是懺
悔十日的第一天，是猶太教徒反思自我行為和作道德檢查的
日子。

在羅什·哈沙納——猶太新年這一天，猶太人要到猶太教會堂參加新年宗教儀式。依照《塔納赫》規定，人們要進行三次祈禱；要三次吹響「朔法爾」。第一遍號聲提醒人們上帝是世界的主宰；第二聲重申上帝是世界的判官；第三聲警示人們要相信上帝，敬畏上帝，回到上帝身邊，在新的一年裡，記起崇高的行為和多做善事。「朔法爾」的號聲除了表達節日的歡樂和人們對上帝的敬畏外，還具有更深刻的涵義。古代猶太人在新年吹響號角，不僅是報告新年的到來，而且是發出戰爭的警報，它使人想起歷史上猶太聖殿的毀滅，使人們永遠不忘戰爭的傷痛，時刻準備迎接戰爭的呼喚。新年下午，在午禱後，虔誠的猶太教徒要到海邊、河邊或有流水的地方，舉行贖罪儀式 (Tashlikh)，誦讀〈彌迦書〉7:19中的一節：「將我們的一切罪投於深海」，三次搖動衣服的邊，表示拋棄了罪孽而變得純潔。有的人還把過去一年的罪過寫在紙片上，投入水中，表示洗淨了自己的罪孽。

羅什·哈沙納——猶太新年不僅是敬畏的日子，也是喜慶的日子，人們沉浸在歡樂喜慶的節日氣氛中。在這一天闔家團聚的新年晚宴上，要吃蘋果蜜餞和蘸有蜂蜜的蘋果、麵包，以象徵今後一年的日子將會甜蜜幸福。此外，還可以盡情享用代表吉利的魚和梯形小點心，但是酸苦的食品不能擺上節日的宴席，因為猶太人認為它們有刺激性，吃多了會刺激喉嚨，影響祈禱。核桃、花生之類的堅果也要避免食用，因為在希伯來文中，「堅果」一詞很容易使人想起不吉利的詞

彙「罪孽」。

　　新年的習俗還包括要誦讀希望來年是個好年的特殊祝福詞，並祝福他人有一個快樂、甜蜜的新年，親朋好友相互贈送賀年卡和新年禮物。老人們在家守歲，青年人多外出旅遊。正統派和保守派猶太教徒通常慶祝兩天，改革派慶祝一天。

懺悔十日

　　按猶太教教義，猶太人在猶太新年時要站在上帝面前接受審判，但上帝的判決要在贖罪日這一天才會作出。因此，猶太人深信：自新年到贖罪日期間的日子裡，即自猶太教曆7月「提市黎月」1～10日，是一年中最嚴肅的時期；上帝將根據每一個人的行為審判他，決定在即將來臨的這一年，他將生存或死亡。因此，這十天是猶太人回顧自己在過去一年的言行、反省自己可能犯下的罪孽，懺悔自身，展望將來一年的日子。〈何西阿書〉14章寫道：「以色列啊，你要歸向上主——你的神；你是因自己的罪孽跌倒了。當歸向上主，用言語禱告祂說：求你除淨罪孽，悅納善行；這樣，我們就把嘴唇的祭代替牛犢獻上……。」

　　猶太教義規定，猶太人在取得上帝寬恕之前，先要取得伙伴的寬恕，罪行才能得到救贖。因此猶太人在這一期間總要設法登門拜訪自己周圍的人，請求他們原諒自己在過去一年中可能犯下的冒犯言行。在虔誠的猶太教徒家中，所有家人會在這一期間聚在一起，相互請求寬恕。同時根據不能寬

恕他人的人是不會得到上帝寬恕的規定，每個人在此期間還要清除頭腦中對他人的憎恨和厭惡一類的想法，以示對他人的寬恕。這些顯然對促進猶太民族統一和內部團結十分有益。在此期間，人們還要到已故親朋好友的墓地表示哀悼。

贖罪日

贖罪日 (Yom Kippur, the Day of Atonement)是猶太教曆中，也是所有猶太節日中最神聖、最重要的節日，被稱為「安息日的安息日」，在從新年開始的懺悔時期結束之時，即猶太教曆7月「提市黎月」9日晚至10日晚慶祝。在此日前夜，要點燃悼念燈，在猶太教會堂舉行祈禱儀式，乞求上帝雅赫威免除猶太人在一年中未踐的誓約，集體吟唱古代禱歌「一切誓約，乞求廢除」。

據猶太教古代傳說，每個猶太人此後一年的命運將在這一天被天庭的上帝最後注定。古代就在這一天，地位最高的大祭司要進入耶路撒冷聖殿的「至聖所」(Holy of Holies)，為以色列人犯下的罪惡獻祭。如今已沒有聖殿，也不再獻祭，人們通過在猶太教會堂祈禱、懺悔，尋求贖罪。全世界的猶太人，包括不很虔誠的猶太人都會在這一天來到猶太教會堂，參加特別祈禱儀式。在以色列，這一天全國上下幾乎一切活動都停頓下來，不出版報紙、不播放任何電視和廣播節目、沒有公共交通運輸；所有學校、商店、餐館、娛樂場所和機關、企業都24小時關閉。整個國家沉浸在一片莊嚴肅穆中。

在這個節日，要以絕對禁止各種欲望、禁止工作、吃飯、飲水來度過。這個節日也是行善的日子。許多猶太人家在去參加此儀式前，父母們要為他們的孩子祝福。

按傳統，在贖罪日這一天，凡13歲以上的猶太教徒要進行24小時熱情祈禱與齋戒；要全天都穿白色的吉特爾袍 (Kittel)，作為純潔和莊嚴的象徵；要到猶太教會堂，向公眾歷數自己在過去一年中所犯的罪惡和過錯，認罪禱告，請求上帝寬恕他或某個猶太人社團犯下的罪過；要念專門用來請求寬恕罪惡和表示順從的祈禱詞；要通過齋戒、懺悔、贖罪活動，表示不再重犯以前做過的錯事，並用實際行動改正自己犯下的罪過。他們通常用第一人稱複數「我們」而不用「我」表達對自己罪過的懺悔，因為猶太人認為集體應承擔個人犯罪的責任。

猶太教會堂在贖罪日全天都舉行宗教儀式，有晚間儀式、上午儀式、下午儀式，接著是紀念儀式和結束儀式。主持儀式時，拉比和贊禮員要穿上特別的白袍，以象徵純潔、悔悟、死亡。在贖罪日祈禱開始的晚間儀式上，拉比手捧《妥拉》，全體會眾面對開啟的約櫃肅立，所有猶太人要吟唱一段〈柯爾·尼德拉〉(Kol Nidre) 禱文。這是一種起誓禱文，不包括任何對上帝的讚美之詞。猶太人通過吟唱這一禱文，試圖說明在今後一年內，凡是他們在違心、不知情和倉促情況時許下的願、發出的誓和作出的允諾都應被視為無效、不算數的，並希望由此得到赦免。按規定猶太人必須在贖罪日日落之前

開始吟唱此禱文，並要一直唱到日落。習慣上，這一禱文要反覆吟唱三遍，為的是使遲到者也能加入。此禱文的曲調深沉、悲壯、哀婉動人，彷彿在敘述猶太民族那漫長、艱辛的歷史，被譽為猶太音樂的代表作。

　　在紀念儀式上，人們回憶已故的親友，誦讀懷念他們的〈卡迪什〉。在結束儀式上，要表達對上帝的希冀和信仰。因為上帝將「生與福、死與禍」陳明在人們面前，賦予人選擇自由，使人向他負責任。而上帝的獎賞是公正性的直接結果。懲罰的基本目的不是處治，而是教育和改正。上帝獎勵公義、懲治惡行，但懲治的目的是給惡人以贖罪和改過自新的機會。贖罪節充分體現這一贖罪意識對猶太人有何等重要。「贖罪日」的高潮是以希伯來語誦讀結束語「烏–尼塔尼‧托科夫」(U-netanneh Toqef)：

　　　　它被記寫在上帝的年曆的第一頁，在贖罪日，神諭已經下達，有多少人將謝世，有多少人將出生；誰將得以生存，誰將謁見死神；誰將頤養天年，誰將死於非命；誰將被火燒死，誰將被水淹死；誰將被刀劍砍死，誰將被野獸吞食；誰將餓死，誰將渴死；誰將死於地震，誰將死於瘟疫；誰將被繩子勒死，誰將被石塊砸死；誰將得到歇息，誰將不得安逸；誰將心平如鏡，誰將愁腸百結，誰將舒適快樂，誰將痛苦不堪；誰將日漸貧窮，誰將聚斂財富；誰將受到羞辱，誰將得到

稱讚——但是，祈禱，贖罪和慈善，將改變不利的神諭。

當這一日要結束時，象徵贖罪日結束的「朔法爾」吹響——一個長長的、清晰的聲調，號聲表示上帝已赦免猶太人的罪過，生活已經翻開了新的一頁。然後，猶太人自認為他們已在精神上再生，帶著一種清新的感覺進入新年，這將是一個健康和幸福之年。

住棚節

贖罪節五天之後為住棚節 (Sukkot, Festival of Booths)，亦稱「收藏節」、「結廬節」(The Feast of Tabernacles)，猶太教三大朝聖節之一。每年自猶太教曆7月「提市黎月」15日開始，慶祝七或九天。

住棚節最初為農業節，是農人喜慶豐收的節日。這時地裡的莊稼已收割完畢，場上的糧食已進倉，摘下的葡萄已釀成酒，農人開始舉行慶祝活動。在果園或葡萄園內用葡萄、無花果等七種植物枝條搭起臨時棚舍，在那裡度過收穫季節的最後幾天，以此感謝上帝的恩賜。

古代，因〈利未記〉中把獻祭作為節日的三大內容之首，規定要將燔祭、素祭獻給上帝，感謝他賞賜一年穀物豐收之恩，因此猶太人要在節日第一天帶上收穫的穀物、水果和牲畜，載歌載舞地去耶路撒冷聖殿朝聖。節日第二天，姑娘們

身穿潔白的服裝，在常去的院子裡，排成好幾行，手執棕櫚
葉和楊柳枝，一邊唱讚美歌，一邊跳舞。夜晚，人們手執火
把，前來助興。在節日的最後一天要舉行求雨儀式。老人不
停地祈禱，青年人和孩子們在田野裡歡歌笑舞，希望上帝能
普降甘霖。如果遇到滂沱大雨，人們的歡樂便達到高潮。

　　如今每逢住棚節，人們要揮舞著用棕櫚枝、柳樹枝和桃
金娘枝或長春花等紮成束的「盧拉夫」(Lulav)，對它和香櫞
(Etrog，一種植物的果實) 背誦一段特殊的祝福，以此將這個
節日同先人們慶祝收穫葡萄和無花果的農業節聯繫起來。

　　後來，住棚節的慶祝活動漸漸與猶太人的宗教和歷史聯
繫在一起。猶太教以此紀念古代以色列人在摩西率領下，逃
出埃及，進入迦南前的四十年中，在西奈曠野漂泊所經歷的
帳篷生活和上帝對以色列人的庇護。〈利未記〉23:42-43載:
「你們要住在棚裡七日；凡以色列家的人都要住在棚裡，好
叫你們世世代代知道，我領以色列人出埃及地的時候曾使他
們住在棚裡。我是上主——你們的神。」《密什那》對搭建住
棚有一些規定：住棚不能搭在室內，或屋檐下方，只能搭在
空曠之處；住棚至少有兩面完整的壁，第三面部分有壁；住
棚的壁必須能抵擋一般的風，可以用石頭、木頭或金屬框架
加篷布作成；棚頂只能使用植物的枝葉，如葡萄、無花果、
松樹、毛竹等；棚頂既不能太厚也不能太薄，白天要能遮陽，
夜晚要能保證待在裡面的人看到星星；成年猶太男子在住棚
節期間應該吃住在棚子裡，吃的只能是麵食；婦女和孩子們

可以自由選擇是否吃住在棚中；若逢惡劣天氣，可以中止這一規定。猶太教還為住棚節到來時進棚及節期結束時離棚準備了特別祝禱。這樣，住棚節便與上帝引導以色列人逃出埃及並為其建棚的傳說聯繫在一起，成為猶太人慶祝這一活動的中心內容。

在今日以色列，每逢住棚節來臨前，政府派人修剪樹木，把剪下來的枝條分發給人民，以滿足他們搭棚之需。棚舍搭成簡易、非永久狀，以象徵猶太人當年的遭遇；棚內用鮮花和水果裝飾。節日期間，猶太人除老弱病殘者外，人人都在小棚中吃、住，除非碰到惡劣天氣。小棚的棚頂用青樹枝覆蓋，這些青枝綠葉並不能完全遮住小棚，夜晚可以看到天空和星星。

住棚節的第一天，猶太教會堂要舉行特別的儀式慶祝節日。人們要在猶太教會堂中吟誦〈頌讚詩篇〉——讚美上帝的詩歌，即〈詩篇〉第111–118篇。據《塔木德》記載，吟誦〈頌讚詩篇〉之風由摩西創立，後來以色列的先知把這一誦讀習俗用於所有猶太人感激上帝救贖之情的場合。

西姆哈斯《妥拉》節

在住棚節的最後一天，猶太教曆7月「提市黎月」22或24日，猶太人慶祝西姆哈斯《妥拉》節 (Simchat Torah)，亦稱「轉經節」或「歡慶聖法節」(Rejoicing of the Law)。它是周期為一年的誦讀、學習《妥拉》活動的起訖日。為了保證能

夠在一年中，在猶太教會堂裡將整部《妥拉》誦讀完，猶太人根據猶太教曆，把整部《妥拉》分成相應的段落誦讀。在西姆哈斯《妥拉》節這一天早上，猶太人要在會堂裡完成全年的《妥拉》誦讀，正好是誦讀《妥拉》最後一部分——〈申命記〉的最後章節。為了表達猶太民族對《妥拉》的學習熱忱，要在讀完《妥拉》最後一部分之後，立即開始誦讀《妥拉》的第一部分——〈創世記〉的開篇章節，因此這一天既是上一年《妥拉》學習結束之日，也是下一年《妥拉》學習開始之時。這個學習是一個首尾相連、無休無止的過程，沒有開始也沒有結束，象徵猶太人對《妥拉》的學習從不間斷，人們以極大的喜悅進行這一活動。

西姆哈斯《妥拉》節是一個喜慶的日子，這一天，男女老少都要到猶太教會堂參加慶祝儀式。人們唱著歌來到猶太教會堂，儀式的高潮部分是拉比將《妥拉》經卷從約櫃中取出，肩扛著經卷載歌載舞。接著，所有人排成一隊，經卷被歡樂激昂、邊歌邊舞的人群圍繞著猶太教會堂傳遞。孩子們也加入了行進的隊伍，邊走邊唱邊舞。他們要在猶太教會堂繞十圈以示慶祝。

在美國，猶太人抱著《妥拉》經卷在猶太教會堂裡跳舞，還要向兒童分發印有「歡慶西姆哈斯《妥拉》節」的小旗，讓他們邊走邊揮舞。在以色列，這一慶祝儀式已不限於在猶太教會堂裡，許多城市在城市廣場上舉行，人們常常要肩扛或抱著《妥拉》經卷，狂舞數小時以示慶祝。西姆哈斯《妥

拉》節是最具有猶太人風俗色彩的節日。

哈努卡節

　　哈努卡節 (Chanukkah)又稱「燈節」(the Festival of Lights)、「光明節」、「淨殿節」或「修殿節」(the Feast of Dedication)，從猶太教曆9月「基斯拉夫月」(西曆11～12月間) 25日開始，持續八天，以紀念西元前165年猶大·馬卡比領導的反抗異族統治起義勝利後，對耶路撒冷聖殿的祭獻。西元前168年，統治巴勒斯坦的塞琉古王朝安提奧楚斯四世強制推行「希臘化」，宣布猶太教非法，採取各種嚴厲措施消滅猶太教。最令猶太人不能容忍的是他在耶路撒冷聖殿裡豎起希臘最高神宙斯的祭壇，並用猶太人視為不潔的豬獻祭，還強迫猶太人食用豬肉。這一仇視猶太教的作法激起猶太人反對塞琉古王朝統治的大起義。三年後，以猶大·馬卡比為首的起義取得了勝利，奪回耶路撒冷。馬卡比下令清掃聖殿，清除異教痕跡，重建猶太人祭壇，恢復對耶路撒冷聖殿的祭獻。

　　哈努卡節八天的節期與兩個傳說有關：一是馬卡比士兵因戰鬥而無法慶祝住棚節，故以此作為補償。二是收復聖殿後，人們清掃它時，準備點亮聖殿的油燈，發現殿中只有一小罐純淨的橄欖油，燈油只夠燃用一天，而無論是製作燈油還是去外地取來這種燈油都需要八天時間。然而奇蹟發生了，這一小罐燈油持續燃燒了八天，為猶太人贏得了從以色列北部加利利帶回新油的時間。

　　每逢哈努卡節時，猶太人家和猶太教會堂都要擺上一只九臂燭臺，最上面的一支臂稱為「僕人」，猶太人用其上的蠟燭來點亮其他臂上的蠟燭。每個夜晚點亮九臂燭臺上的一支蠟燭，最後一下子點亮八支蠟燭。

　　為了表達對於出現「奇蹟」的喜悅，哈努卡節的第一天，猶太人要以棕櫚樹枝裝飾猶太教會堂，在這裡吟誦〈頌讚詩篇〉。還要舉行邀請親朋好友參加的正式隆重的晚餐。晚餐前先點上蠟燭，互相祝賀。傳統必食的特定食品是油炸土豆絲餅，以使人想起上帝所行的奇蹟。晚餐結束後，孩子們還要玩一種旋轉陀螺的遊戲。最初，哈努卡節時要發給孩子們硬殼果和哈努卡節錢 (Chanukkah Gelt)，近來已變成送給孩子們八個禮物，節日的每一個夜晚發給一個。以色列建國後，為弘揚馬卡比起義所包含的「民族團結、共禦外敵」的精神，國家總要組織各種體育活動，尤其是火炬長跑。

阿達爾月初七

　　摩西誕辰日，也是摩西的忌日，是猶太教徒懷念摩西的日子。正統派猶太教徒要在此日禁食一天，在家中燃燭一天，誦讀《妥拉》經卷中記述摩西死亡的章節。在以色列，這一天已正式定為以色列陣亡將士紀念日。

普珥節

　　每年在猶太教曆12月「阿達爾月」（西曆2～3月間）14日

舉行慶祝活動，慶祝〈以斯帖記〉中猶太人免遭迫害的一個
事件。據載：在波斯帝國統治時期，流亡在巴比倫的猶太人
生活艱難。國王亞哈隨魯選中猶太少女以斯帖為王后，不久
以斯帖失寵。以斯帖的養父末底改因不肯向大臣哈曼跪拜，
哈曼奏請殺死國內所有猶太人，亞哈隨魯准其奏。哈曼想在
一天內殺絕所有的猶太人。末底改求見以斯帖，請她務必為
猶太人向國王求情。失寵的以斯帖怕去見國王，可此時又別
無選擇。她禁食三天，以示懺悔，並號召全體猶太人也這樣
做。然後她去覲見國王，向他揭發了哈曼的陰謀。經以斯帖
懇求，亞哈隨魯改將哈曼等人處死。猶太人化險為夷，看到
敵人一個個吊死在他們原先為猶太人準備好的絞架上，特立
此節以表紀念。因為哈曼為決定哪一天殺絕猶太人拋出許多
籤，所以這個節日被稱為普珥節（Purim, 意為「許多」）。由
於哈曼擇定阿達爾月13日屠殺猶太人，故猶太人以該月14日
為節日。

　　阿達爾月13日正統派猶太教徒禁食一天。在普珥節白天，
猶太教會堂要舉行特別儀式誦讀〈以斯帖記〉。《塔木德》的
〈以斯帖古卷〉一篇中說，當哈曼的十個兒子被絞死時，他
們的靈魂霎時間脫離了肉體。根據這個故事，在猶太教會堂
裡有這樣一種禮儀：在普珥節這天，拉比誦讀〈以斯帖記〉
時，當讀到出現哈曼十個兒子名字的那個地方時，這一長串
名字裡有二十一個元音，那位正在誦讀的拉比必須將這全部
二十一個元音當眾背誦出來，還要一口氣說完它，中間不能

重複、停頓或吸氣弱讀。每當提到哈曼的名字時，參加儀式
的孩子都要用腳跺地，用嘴發出「咯咯」、「嘶嘶」或「呸呸」
聲，並用竹條或棘輪發出「啪啪」聲，極力以噪音「淹沒」
其惡名，以示對他的譴責。普珥節是誡命期間惟一可喧嘩的
時刻。

　　儘管普珥節是具有重要意義的紀念日，有其嚴肅的一方
面，但它也是一個皆大歡喜的快樂節日。《塔納赫》規定：「在
這兩日設宴歡樂」。為此，每逢普珥節，人們都要全家歡聚共
慶、開懷暢飲、尋歡作樂；也只有這一天，猶太人允許自己
和別人爛醉如泥，醉到分不清誰是末底改，誰是哈曼。家家
戶戶還要點起燈火，舉行各種各樣慶祝活動，其中最常見的
是篝火晚會。年輕人按照習俗，帶上面具，穿上奇形怪狀的
服裝，化裝成〈以斯帖記〉中的人物，圍著篝火載歌載舞、
盡情狂歡，故有人稱此節為猶太人的「狂歡節」。

　　普珥節，也是孩子們的節日。孩子們這時要在爐裡烘烤
被稱為「哈曼耳朵」的一種三角形油酥麵點心，包有罌粟子
或其他甜餡。在普珥節，猶太人要向朋友饋贈食品，以示他
們之間的團結和友誼。14日白天，每個人至少向一位朋友贈
送兩種可食的食品（例如：糕點、水果、飲料）。食品最好在
男人之間或女人之間贈送，而且應由他人轉送。兒童除自己
贈送食品外，還往往充當熱情的轉送者。為履行體恤窮人的
特殊誡命，猶太人在普珥節白天應至少捐助兩個窮人。最符
合誡命的是直接施捨窮人，如未遇到窮人，至少要將若干枚

硬幣投入「普什卡斯」(募捐箱)，兒童也應遵守這一誡命。

圖・比-舍巴特節

每年在猶太教曆11月「舍巴特月」(西曆1～2月間) 15日，猶太人要慶祝圖・比-舍巴特節 (Tu Bi Shevat) —— 樹木新年，這是一個歡慶自然的獨特節日。猶太人認為過冬後的樹木在這一天開始重新生長，自然界在這一天恢復生機，這一天標誌著以色列春天的到來。據《塔木德》記載，將這一天定為樹木新年是由於以色列地區冬天的雨季在這一天結束。猶太人認為樹木和莊稼果實的命運在這一天決定的，因此要在這一天進行祈禱，祈求香櫞樹枝葉繁茂，以便在住棚節來到時，人們可以獲得大量歡慶所需的香櫞果實。猶太人通常要在這一天吃十五種不同的水果，特別是生長在以色列的七種，在吃水果時還要誦讀〈詩篇〉104篇，以表示對自然的讚美。

19世紀以來，在巴勒斯坦定居的猶太人特別重視這一節日，把這一天看作猶太民族復興的象徵，視為將沙漠改造成良田的體現。以色列國成立後，又將這一天定為植樹節，規定所有青少年都要參加慶祝植樹節的活動。他們通過植樹，表達要像樹木一樣在猶太人國土上紮根的愛國意願。現在除了植樹外，這一天的活動還包括祭掃烈士墓。全世界猶太人要在這一天為在以色列種植樹木向猶太民族基金會捐錢。

逾越節

　　猶太教三大朝聖節，猶太節日中最古老、著名的節日，自猶太教曆1月「尼散月」（西曆3～4月）14日晚起至21日晚止，慶祝八天。

　　逾越節 (Pesach, Passover)是整個猶太民族緬懷祖先、傾訴苦難，慶祝在上帝的關照下逃出埃及，從而擺脫奴隸困境，走向自由的節日。〈出埃及記〉載，上帝雅赫威命令摩西率領以色列人從埃及出逃前夕，決定懲治多次背信棄義的埃及法老，以殺死埃及所有頭胎出生的人和牲畜的辦法迫使法老屈服。為了防止錯殺以色列人，雅赫威讓摩西吩咐以色列人在尼散月13日晚家家殺羊吃烤肉，然後把羊血塗抹在自己家的門楣和門框上。雅赫威在尼散月14日拂曉走遍埃及，將所有頭胎出生的人與牲畜都殺死，惟獨見門框上有羊血的人家便「逾越」過去。以色列人全都安然無恙。法老懾於上帝的威力，同意以色列人離開埃及。此後，雅赫威吩咐：「這一日將是你們的紀念日，要當作上主的節日來慶祝；你們要世世代代過這節日，作為永遠的法規。」以色列人為感謝上帝對他們的拯救，把每年尼散月14日起的八天定為逾越節。

　　逾越節又稱除酵節 (the Feast of Unleavened Bread)，根據習俗，猶太人在逾越節期間，不能吃麵包和一切發酵的食品。這也與古代以色列人逃出埃及的歷史傳說有關。〈出埃及記〉載，以色列人逃離埃及時，由於過於匆忙，沒有時間準備路

上所需的麵包，所以他們把未烘烤和發酵的麵糰放在背上，靠太陽把它們烤成食品。《塔納赫》規定：在逾越節期間只能吃未經發酵的麵餅，以此作為對古代以色列人逃出埃及的紀念。因此在逾越節前每個猶太人家裡必須徹底清掃刷洗，以去掉所有發酵物的痕跡。逾越節前夕的猶太習俗是人們必須舉著蠟燭巡視屋裡各處，看看是否留有最後一點發酵物的痕跡，哪怕是一點點餅屑，必須象徵性地用羽毛撢子掃除乾淨。同時，將平日用的廚具、餐具收起，改用逾越節專用的廚具、餐具。

在逾越節的八天裡，猶太人不吃麵包，只吃一種用麵粉製成的、未經發酵的薄餅——馬扎(Matzah)。最初，逾越節與除酵節是兩個不同的節日，前者在尼散月14日晚慶祝，後者從尼散月15日開始慶祝，連續七天，後來二者合併在一起慶祝。

聖殿時期，猶太朝聖者從全國各地步行到耶路撒冷來慶祝這個節日。他們用剛滿周歲、無殘疾的羔羊（逾越節的羔羊）來獻祭。腰束帶子、手持棍杖的人們匆忙把烤熟的羔羊頭、腿全部吃光，同時吃無酵餅和野菜。

現在依照習俗，猶太人在尼散月15日要全家聚在一起，吃一頓叫「塞德」（Seder，意為「命令」）的逾越節家宴。這是逾越節最隆重的節日活動，根據傳統，桌上要留一個空盤子，並為先知以利亞（Elijah，他曾預示彌賽亞時代的到來）單留出一個酒杯。這個酒杯通常用玻璃杯或金屬杯，流行款

式多為銅合金製成，其上刻有猶太傳統圖案。

　　家宴上每人喝四杯酒，開始和結束各一杯，席間兩杯，紀念以色列人在埃及受的苦難以及在上帝的指引下，擺脫奴役，回到迦南的歷史事件。家宴開始時，身著白袍的家長舉杯為節日祝福，全家人喝第一杯酒，然後洗手。接著，家長把生苦菜（代表希伯來人在埃及受奴役時的苦難）和其他生菜（代表春天）蘸醋或鹽水（象徵希伯來人的眼淚）分給每一位用餐人，然後，他又將象徵古代逾越節供品羔羊的羊脛骨和煮雞蛋從特殊的逾越節家宴盤中取出。這些雞蛋作為節日食品，象徵著猶太民族，被放在火上煮的時間越長，雞蛋就越硬、越難破碎。接著人人唱歌、朗誦禱文。斟滿第二杯酒後，家中最小的孩子要提出下列問題：「為什麼今晚與其他夜晚不同？為什麼只吃馬扎？為什麼吃生菜時要蘸鹽水？為什麼今晚倚著椅背吃？」然後，全家人依次誦讀〈哈嘎達〉，復述〈出埃及記〉中有關猶太人擺脫奴役、獲得自由的故事，作為對上述問題的回答，回答完畢後，喝第二杯酒。全家人再次洗手，分食馬扎和蘸有酒釀果醬的苦菜，然後開始上主菜。主菜用畢，家中年幼者要找出事先藏起來的半塊馬扎，作為甜食，全家人分食。這半塊馬扎象徵古代在家宴時所食的逾越節羔羊肉。這時，斟第三杯酒表示對上帝恩惠的感謝。全家人在齊誦〈頌讚詩篇〉聲中，將這杯酒一飲而盡。接下來，斟第四杯酒，同時將桌上的以利亞杯斟滿，打開家門，誦讀一段歡迎先知以利亞光臨的禱詞。據傳說，以利亞很可

能突然出現在逾越節家宴上,預報救世主彌賽亞降臨的喜訊。
在飲完第四杯酒後,所有盤子裡的食物都要吃淨,家宴在「明
年相聚在耶路撒冷」的祝詞中結束。

在逾越節期間,有些猶太人還穿上表示喜慶、歡樂、神
聖、寬容的白色亞麻布衣服,去耶路撒冷聖殿山和西牆朝聖。

大屠殺紀念日

又稱燔祭節,在猶太教曆1月「尼散月」(西曆4月) 27日,
紀念第二次世界大戰時被納粹屠殺的六百萬猶太人。以色列
議會於1951年通過法令確立這一法定紀念日—— 大屠殺紀念
日 (Yom Hashoah)。每當這一節日到來時,正統派猶太教徒要
禁食一天。所有猶太人家要點燃悼念燈或紀念蠟燭,誦讀〈卡
迪什〉。在以色列國內,每逢此日還要舉行集會和遊行,表示
對受害者的哀悼和慶祝猶太民族的生存。軍隊和學校常在這
一天組織去大屠殺紀念館的參觀活動。

拉格·巴–奧默爾節

拉格·巴–奧默爾節 (Lag Ba-'Omer)在猶太教曆2月「依
雅爾月」(西曆4～5月間) 18日。拉格由寫作"33"的希伯來文
字母組成,奧默爾原是一種衡量猶太人帶給聖殿的糧食計量
單位,這裡指從逾越節到沙夫幼特節這段時期。在奧默爾時
期的第三十三天,猶太教規定這一天「半誌哀期」的禁令暫
停。人們可以在這一天進行婚嫁,也可在這一天舉行民間慶

祝活動，如：為滿3歲的兒童第一次理髮、玩耍象徵彩虹的弓
箭、圍繞篝火跳舞或出外郊遊、做遊戲、吃野餐等。

　　有關這一節日的傳說不一。其一：當年以色列人逃出埃
及，在西奈曠野流浪時，曾經將水和糧草都用完，面臨死亡
的威脅。恰在此時，上帝雅赫威從天上降下如蜜製糕餅的「嗎
哪」，使以色列人得救。為了紀念這一天，人們把「嗎哪」降
落的第一日定為拉格·巴－奧默爾節。其二：在耶路撒冷第二
聖殿被毀後，在拉比阿基巴·本·約瑟的學生中出現了可怕
的瘟疫。在這一天瘟疫突然停止了，可是已經有二萬四千名
年輕人喪生，因此在中世紀，拉格·巴－奧默爾節被看成是
「學生節」。

　　每到這一天，成千上萬的猶太人前往薩法德市附近的北
方小鎮梅隆 (Meron)，紀念羅馬人統治下，猶太人只能祕密學
習《妥拉》的日子。此節在東方猶太人中是一個盛大節日。
成千上萬的東方猶太人到梅隆安營紮寨，住上幾天。他們搭
起裝飾講究的帳篷，運來舒適的家具。裝飾包括帳篷上的彩
繪、臥榻、地毯、便攜型發電機、供電的電燈。婦女們用阿
拉伯語唱歌。人們邀請客人進入帳篷來品嚐糕餅、小點心和
其他甜食。東方猶太人慶祝活動之一是非常重視吃梅隆屠宰
的肉，帳外掛著新屠宰的綿羊和山羊，帳篷附近還栓著活綿
羊和活山羊，牠們是預備當場屠宰吃的。

　　行為莊重的哈西迪教徒把這一天當作著名大拉比西緬·
巴·約海的忌日，這位拉比是西元2世紀的著名猶太教學者，

反對羅馬人統治的猶太領袖,他與其子的遺體一同葬在梅隆。
每到這一天，依然是一身18世紀波蘭貴族打扮的哈西迪教徒
都要到梅隆朝聖。男士們聚集在西緬・巴・約海的基地四周，
按照傳統的方式，組成一圈圈，圍著篝火跳舞。

耶路撒冷節

　　耶路撒冷節 (Yom Yerushalayim)是慶祝耶路撒冷統一的
節日，日期為猶太教曆2月「依雅爾月」（西曆4～5月間）28
日。這是1967年「六日戰爭」後新確立的節日，是猶太教曆
上最晚出現的節日。以色列拉比院稱這一天為感恩節。在這
一天猶太人要逐句誦讀〈紅海之歌〉，稱頌上帝雅赫威擊敗以
色列的敵人。耶路撒冷城內要舉行盛大慶祝活動。主要慶祝
儀式於日落時在西牆前進行。作為序幕，人們要首先點燃十
八支火炬，以紀念在奪取耶路撒冷戰鬥中犧牲的戰士。隨後
是感恩儀式，第二天下午還要進行大型群眾歡慶，整個活動
莊嚴而歡快。以色列國內的猶太人通常在家中舉行歡慶宴席。
儘管節日處在「半誌哀期」期間，然而有關「半誌哀期」的
所有禁令在這一天都暫停執行，以示慶祝。

沙夫幼特節

　　沙夫幼特節 (Shavuot) 又稱「五旬節」(Pentecost)、「週日
節」(the Feast of Weeks)、「七七節」、「收穫節」、「新果實節」，
猶太教三大朝聖節之一，在猶太教曆3月「希萬月」（西曆5～

6月）6、7日舉行（改革派猶太人僅過兩天中的一天）。

　　沙夫幼特節或五旬節之名出自希臘語，意為「第五十」。據〈利未記〉載，從逾越節算起，七個星期之後猶太人要慶祝沙夫幼特節，兩節相隔四十九天，再加上一個安息日恰好五十天，故人們稱之為五旬節。這是猶太年曆中最後一個大節。

　　沙夫幼特節最初是慶祝第一批穀物初熟的農業節日，因為猶太人自播種到收穫歷時七週。古時，每逢此節，各家猶太人停止工作，帶上第一次收穫的大麥、小麥、葡萄、無花果、石榴、橄欖油和蜂蜜到耶路撒冷聖殿，參加「比庫瑞姆」（第一次果實節儀式）。他們還要取麵粉一斗二升發酵做成兩張發酵餅、取未滿周歲的羊羔七隻、雄綿羊兩隻、雄牛犢一頭送到耶路撒冷聖殿，作為獻給上帝的貢物。他們要將割剩的莊稼遺留在田中，讓貧民拾取。人們還通過歡慶收穫來感謝上帝的恩惠，並祈求保佑來年再獲豐收。

　　沙夫幼特節也是紀念猶太人逃出埃及奴役，渡過紅海後的第五十日，上帝在西奈山賜予摩西〈十誡〉，同以色列人立約的日子。猶太人稱此節為「給我們律法的日子」。在聖殿時期，猶太朝聖者會從全國各地步行到耶路撒冷來慶祝這個節日，慶祝上帝在西奈山將律法傳給摩西。從中世紀起，猶太家長都要在這一天把兒子送入猶太教會堂，讓他開始學習律法，象徵著孩子也將像祖輩一樣，在西奈山接受上帝的律法。這一天也是猶太教會堂舉行隆重的成年禮儀式的日子。凡年

滿13周歲的猶太少年均要參加這一儀式，表明他們像自己的
父輩先人一樣，已與上帝締約，決心承擔宗教義務。

　　如今，在這一天，猶太人要穿上新衣，以植物和鮮花裝
飾自家和猶太教會堂。在猶太教會堂的禮拜儀式上，要誦讀
〈出埃及記〉中有關摩西在西奈山朝見上帝和傳達上帝的十
條誡命及各種教規教法的章節。此外，他們還要誦讀〈路得
記〉，它記述了大衛王家譜和一個摩押女子——路得對猶太教
和猶太民族的熱愛與忠誠。一些極其虔誠的猶太人還要整夜
默讀《妥拉》。

　　在這個節日裡，猶太人通常吃肉類食品、奶製品和蜂蜜。
餐桌上要放兩塊用新麥麵作成的餅，作為向上帝獻祭的標誌。
多數人家要烤一隻有四個角的長麵包，做一種三角形的糰子，
裡面放有蘋果、奶酪等。同時，為孩子做一種被稱為「西奈
山」的餡餅，以鼓勵他們牢記自己的宗教並努力學好猶太教
的經典《妥拉》。

阿布月9日

　　猶太教曆5月「阿布月」（西曆7～8月間）9日，又稱猶太
哀悼日 (Tishah B'Av) 或紀念耶路撒冷被毀日。這一天是猶太
年曆中最悲哀的日子和齋戒日，是猶太人悼念歷史上一系列
悲慘事件的紀念日。

　　猶太人認為，猶太人歷史上的許多重大悲慘事件都發生
在這一天。如：西元前586年阿布月9日，新巴比倫國王尼布

甲尼撒二世焚毀了耶路撒冷第一聖殿；西元70年阿布月9日羅馬統帥提多率軍突破耶路撒冷城圍，焚毀第二聖殿；西元195年阿布月9日伯沙公城淪陷；1492年阿布月9日西班牙國王斐迪南簽署了創立宗教裁判所的命令，將不願改宗基督教的猶太人大規模驅逐出西班牙。在這一天，至少有十五萬猶太人被強制裝入海船，流落他鄉。

在猶太人歷史上，這一天被當作命中注定要倒楣的災日。在這一天，所有的裝飾物都要移出猶太教會堂，許多虔誠的猶太人要禁食二十四小時，吟唱〈耶利米哀歌〉，以示悼念；最後以吟詠收復錫安山願望和過上更快樂日子的讚美詩結束。

很多猶太人從阿布月1日開始進入哀悼聖殿被毀、國家滅亡的誌哀時期，他們的心情日益沉重，氣氛也日益悲哀。正統派猶太教徒在這九天內不洗衣服、不穿新衣服、不梳妝打扮、不行任何慶典、歡宴、婚嫁。9日這天，悲哀的氣氛達到最高潮，人們要禁食一天，不吃、不喝、不穿皮鞋、不洗漱、不擦油、不行房事。這一天是猶太人最不幸的日子，他們在此日掃基、登上錫安山。他們還要講述阿基巴等烈士的英勇行為，讚頌他們忠於上帝、視死如歸的膽魄和自我犧牲精神，沉思默想如何仿效他們，在自己離開塵世時，也能像他們那樣，在上帝的伊甸園裡中擁有一席之地。

新月節

　　猶太教次要節日，按猶太教規定猶太教曆每月之首為新月節 (Rosh Hodesh)。新月的出現，表示又一個新時期的開始，因而具有強烈的象徵意義。新月的第一天，稱為「羅什·霍代什」(Rosh Hodesh, 新月節)。古代，虔誠的猶太人要為迎接新月舉行特殊的慶祝活動，請求上帝賜給他們一個美好、健康、快樂的月份。成群的人們聚集在家門外，當可以看到月亮時，每個人對他的鄰居說：「被祝福的是上主，他更新了月份，全能的上主您好！」鄰人回答說：「祝你平安！願這個月給我們和所有人帶來好運！」在新月節前的安息日和新月節當天，人們要在猶太教會堂裡背誦一段特殊的「對新月的祝福」。猶太人認為，新月節象徵新生活的開始、改過自新的開始、與上帝重新和好的開始，它既是莊嚴的日子，更是喜慶的日子，所以在這一天不得禁食或哀悼。現代禮儀主要是在新月節前的安息日誦讀祝詞、歌唱或吟誦〈頌讚詩篇〉中有關新月節的部分，以此頌揚上帝。

第十章

猶太教聖地與名勝古蹟

猶太人認為自三千年前大衛王在耶路撒冷建都以來，
耶路撒冷一直是猶太民族存在的中心，
是猶太人宗教與精神生活的發源地
以及猶太人與其土地不可分割的象徵。
全世界的猶太人視耶路撒冷為其光榮歷史的見證
和民族復興之地。
他們稱頌耶路撒冷說：
上帝賜予世界的十份美麗之中，
有九份為耶路撒冷所得，
只有一份給了世界其他地方。

בראשית

第一節　耶路撒冷地區

耶路撒冷

耶路撒冷 (Jerusalem) 是世界著名的猶太教聖地，位於巴勒斯坦中部的猶地亞山區之巔，海拔790公尺，全城面積約160平方公里。耶路撒冷古稱「耶布斯」，居住著從阿拉伯半島遷來的迦南人支族耶布斯人。約在西元前3000年，因其地處商道要衝、地勢險要，所以耶布斯人在此建起城堡，取名為「尤羅薩利姆」，意為「和平之城」，漢語音譯為「耶路撒冷」。後來的阿拉伯人稱之為「古德斯」，意為「聖城」。

現在的耶路撒冷分為東、西兩部分。東耶路撒冷（即下文所述的耶路撒冷）包括耶路撒冷老城在內，而耶路撒冷老城是世界聞名的古城，是世界三大宗教——猶太教、基督教、伊斯蘭教聖地；西耶路撒冷是1950年以色列宣布遷都耶路撒冷後花費重金建設起來的新城，絕大部分以色列政府機構設在這裡。

猶太教一直把耶路撒冷視為其信仰的中心。猶太教傳說：上帝雅赫威開天闢地的第一道光是從城外東南角的錫安山射向全世界的，上帝造的第一個人亞當也是用這裡的土捏成的，城內摩利亞(Mount Moriah)山是猶太先祖亞伯拉罕準備殺子以撒祭獻雅赫威之地。

　　西元前11世紀，猶太人的大衛王 (1013～973BC) 掌權後，感到需要一個中央集權的首都和崇拜中心，便下令奪取群山環抱的耶路撒冷，立之為古希伯來統一王國國都，並親自設計了祭拜上帝雅赫威的猶太教聖殿。三十三年後大衛離世，其子所羅門 (973～930BC) 承繼王位，除了運用世俗政權鞏固和發展自己的帝國外，還藉助上帝雅赫威的威力，統一宗教崇拜。他動用了近二十萬民工和無數物力，用了整整七年的時間，在摩利亞山上為雅赫威建起一座宏偉壯觀的猶太教大聖殿。在西元前953年住棚節時，他親自為這座壯麗輝煌的大聖殿舉行落成典禮。自此，聖殿成為猶太教信仰的最高象徵，耶路撒冷成為猶太人的政治和宗教中心。

　　所羅門去世後，古希伯來統一王國分裂為北方的以色列國和南方的猶大王國，耶路撒冷成為猶大王國的京都。西元前586年新巴比倫國王尼布甲尼撒二世攻陷此城，全城被夷為平地，聖殿也被焚為一片灰燼，許多猶太人被擄至巴比倫。這些「巴比倫之囚」充滿激情地唱道：

> 我們曾在巴比倫的河邊坐下，
> 一追想錫安就哭了。
> 我們把琴掛在那裡的柳樹上；
> 因為在那裡，擄掠我們的要我們唱歌，
> 搶奪我們的要我們作樂，
> 說：給我們唱一首錫安歌吧！

我們怎能在外邦唱上主的歌呢？

耶路撒冷啊，我若忘記你，

情願我的右手忘記技巧！

我若不記念你，

若不看耶路撒冷過於我所最喜樂的，

情願我的舌頭貼於上膛！

……（〈詩篇〉137）

　　四十餘年後，波斯帝國征服巴比倫，居魯士大帝允許部分猶太人返回故土，並給予他們自治權。猶太人在耶路撒冷第一聖殿的舊址上建造了第二聖殿，並重新修築了耶路撒冷城牆。後來馬其頓、托勒密、塞琉古諸王國先後攻占了此城，城中猶太人多次遭擄掠，逐漸四散異地。西元前63年，羅馬將軍龐貝入侵巴勒斯坦，再次毀壞了耶路撒冷聖殿。後來羅馬皇帝委任伊都美人大希律為王，他為了討好猶太人，大規模地重新修繕了第二聖殿，這座新修的聖殿成為有史以來最宏偉的聖殿。西元70年，羅馬軍隊大舉入侵耶路撒冷，放火焚毀了這座聖殿和全城建築，並將猶太人全部驅逐出城，這裡逐漸成為著名的基督教中心。很久以後，一些回歸巴勒斯坦的猶太人在聖殿的西外牆廢墟上，用原聖殿所殘留的大石頭壘成一堵長48公尺、高18.3公尺的大牆，稱之為「西牆」。猶太人把它看作當年聖殿留下的遺跡。千百年來，無數猶太人到此牆祈禱、祈願、求福、默哀、慟哭，此牆因而也被稱

為「哭牆」。西牆作為猶太人心目中最神聖的地方，是猶太民族虔誠信仰、憂患意識和高度凝聚力的總象徵。除了西牆外，耶路撒冷的猶太教聖地還有錫安山下的大衛陵墓、大祭司西緬的陵墓、安葬著世世代代猶太人的基地——橄欖山等。正是因為這一切，猶太人認為自三千年前大衛王在耶路撒冷建都以來，耶路撒冷一直是猶太民族存在的中心，是猶太人宗教與精神生活的發源地以及猶太人與其土地不可分割的象徵。

耶路撒冷最重要的意義還在於猶太民族與它的精神聯繫。在猶太人亡國、流散的近二千年中，它一直是猶太民族的精神中心。流散到世界各地的猶太人無時無刻不將自己的命運同耶路撒冷連在一起。無論他們在那裡，在每天早上和晚上、工作日和安息日、齋戒日和喜宴日、婚禮上和葬禮上、在家裡和猶太教會堂裡，當祈禱和禮儀結束時，他們都要高呼「明年相會在耶路撒冷！」每一對新婚的猶太人，無論多窮，在結婚儀式上，都要踩碎一只玻璃杯，它象徵著耶路撒冷的被毀和日後一定要奪回聖城的決心。

全世界的猶太人視耶路撒冷為其光榮歷史的見證和民族復興之地。他們稱頌耶路撒冷說：上帝賜予世界的十份美麗之中，有九份為耶路撒冷所得，只有一份給了世界其他地方。他們還用極其美妙的歌聲讚頌他們的聖城——金色的耶路撒冷。

第十章 猶太教聖地與名勝古蹟 ·253·

山林的氣息美酒般清爽

鐘聲和松柏的芳香

在風塵中彌蕩

沉睡的樹叢和石垣

還有那橫亙的城牆

把這孤獨的城池

送入夢鄉

黃金之城，青銅之城

耶路撒冷，到處充滿光芒

我用我的琴聲

永遠為你歌唱（〈金色的耶路撒冷〉之歌）

　　耶路撒冷也是世界著名的基督教、伊斯蘭教聖地。西元636年阿拉伯穆斯林打敗羅馬人，耶路撒冷居民向攻打此城的穆斯林軍隊敞開城門，向哈里發奧瑪爾·伊本·赫塔布(Omar ibn Khatlb) 投降。奧瑪爾向城裡居民保證他們的生命安全、財產安全和教堂寺院不受侵犯，並給了他們一份信約，就是歷史上最著名的〈奧瑪爾信約〉（西元637年制定）。此城轉入穆斯林管轄之下後，這裡建起兩座宏偉的清真寺——薩赫萊清真寺和阿克薩清真寺。

　　11世紀末，羅馬教皇和歐洲君王們以「收復聖城」的名義，開始發動十字軍東征。1095年11月羅馬教皇烏爾班(Urban II, 1088～1099在位) 在法國東北部克萊蒙召開宗教會議，宣

布十字軍東征，其號召力之大，影響之深遠，幾乎前所未有，誓要把整個聖地從穆斯林手中拯救出來。他號召所有基督教國家都參加這一運動，允諾完全赦免參加十字軍東征者的一切罪過，這一號召馬上得到熱烈的反響。1099年十字軍抵達耶路撒冷。7月15日攻占此城，大肆屠殺居民。此後，布容 (Boaillon) 的戈佛雷 (Godfrey) 被推舉為聖墓保護人。他於1100年7月去世，由其弟鮑德溫 (Baldwin I, 1100～1188在位) 繼承。鮑德溫建立了延續近一個世紀的耶路撒冷拉丁王國。在耶路撒冷行拉丁禮儀主教的領導下，耶路撒冷拉丁王國分成四個大宗教區，十個主教區，還建立了許多隱修院。

　　1187年阿拉伯穆斯林蘇丹薩拉丁大敗十字軍，重新收復了耶路撒冷。1517年至第一次世界大戰爆發之時，耶路撒冷一直為奧斯曼帝國所轄。1917年西方盟軍占領此城。1922年耶路撒冷由英國「托管」。

　　鑒於耶路撒冷是世界三大宗教的聖地，再加上其複雜的歷史，1947年聯合國大會通過決議：巴勒斯坦地區以阿分治，將耶路撒冷定為國際城市，由聯合國直接管轄。翌年5月，以色列建國，第一次以阿戰爭爆發，以色列占領西耶路撒冷地區，並在1950年宣布耶路撒冷為其首都，以色列的國會和最高法院都設在這裡；東耶路撒冷為約旦控制。1967年第三次以阿戰爭爆發，以色列進而占領東耶路撒冷地區。1980年7月，以色列議會通過法案，將耶路撒冷定為以色列「永恆和不可分割的」首都，此舉引起阿拉伯世界和國際輿論的強烈譴責。

1988年宣告要成立的巴勒斯坦國也宣布耶路撒冷為其首都。此後，耶路撒冷的地位問題一直屬於有待解決的懸案，牽動著世人的關注。

耶路撒冷聖殿

世界著名猶太教聖殿 (Holy Temple)，座落在耶路撒冷的摩利亞山上，建於西元前10世紀，現僅餘其西外牆，即「西牆」。聖殿由大衛王設計，其子所羅門王興建。他徵用了近二十萬民工，從各國請來能工巧匠，買來優質木料、石料，花費了整整七年時間，終於在西元前953年建起這座雄偉壯麗的聖殿，史稱：耶路撒冷第一聖殿。所羅門在這一年的住棚節，親自為聖殿舉行了落成典禮，向上帝宣稱：「我已經建造殿宇作您的居所，為您永遠的住處。」（〈列王紀上〉8:13）自此，聖殿成為猶太教一神教信仰的最高象徵，也成為所羅門時代最輝煌的建築傑作。

史載，聖殿呈長方形，座落在一個大平臺上，長25公尺、寬9公尺、高13.5公尺，殿前有走廊，長9公尺、寬4.5公尺，殿後建有高2.2公尺的三層偏室。聖殿外一角有一個十二頭大銅牛支撐的大銅碗，名為「銅海」，高2.2公尺、直徑4.4公尺、圓周長13.82公尺、厚0.75公尺，碗邊向外彎、形似百合花、碗沿鑄有兩道野瓜圖案，這個銅海能盛四萬升水，供禮儀盥洗用。銅牛三隻向北、三隻向西、三隻向南、三隻向東，牛尾朝內。聖殿的大門入口處兩邊，分別樹立著8公尺高的銅

柱，左邊的名「雅斤」，右邊的稱「波阿斯」，柱上刻有百合花圖案，柱冠由銅鏈網和二百顆銅石榴分兩行環繞。殿門左右兩邊各放有五個銅盤座和銅盤，上面刻有獅子、公牛、天使、棕櫚樹、花環等圖案，精巧至極。聖殿分為前殿、外殿、至聖所，三者相連。前殿有兩扇黃金包飾、精雕細刻的柏木門。外殿的石牆上全部鑲上香柏木，上面鐫刻著天使、棕櫚樹、瓜果、動物和初綻的鮮花圖案，地上鋪滿黃金箔。門框用松木製成，呈折合式，也都貼金，刻有圖案。

　　至聖所是耶路撒冷聖殿中存放象徵以色列人和上帝特殊關係——約櫃的場所，約櫃內裝刻有〈摩西十誡〉的兩塊法版，為聖殿的核心。約櫃位於聖殿西端，長、寬、高均為9公尺，從地面到天花板都用香柏木製成，純金箔覆蓋。門扉、門楣、門框均用橄欖木製成。至聖所的入口處設有一個祭壇，有金鏈護欄。室內安放著約櫃，內裝刻有〈摩西十誡〉的兩塊法版。約櫃兩旁立有兩座4.4公尺高、黃金包飾、精雕細刻的基路伯像，用橄欖木製成，他們被視為至聖所的衛士。至聖所內還有純金的燈臺，左右各五個，金燈臺上有金花、燈盞、蠟剪及金杯、金盤、金燭花剪、金調羹、金火鼎。猶太教徒把至聖所看作上帝所在之處，是整個聖殿中最神聖的地方，只有大祭司在贖罪日方可進入（至今許多猶太教徒都怕走進現已成為穆斯林尊貴禁地的這片土地，生怕無意踏上曾為至聖所之處，引起上帝雅赫威的震怒）。

　　這座豪華壯觀的聖殿作為猶太教一神教信仰的最高象

徵，很快成為全國的宗教中心。每逢三大朝聖節——住棚節、逾越節和沙夫幼特節，虔誠的猶太教徒會帶上豐厚的祭品從全國各地來到聖殿，在此歡度節日。

　　西元前586年新巴比倫國滅亡了猶大王國,將聖殿焚為一片灰燼。大批猶太人被擄至巴比倫為奴，他們是史稱的「巴比倫之囚」。四十餘年後，波斯帝國征服巴比倫後，居魯士大帝將部分猶太人釋放回耶路撒冷。他們用二十多年的時間，於西元前516年修起了聖殿，史稱: 耶路撒冷第二聖殿，但其規模與華麗遠遠不能與所羅門聖殿相比。西元前63年，羅馬將軍龐貝入侵巴勒斯坦，再次毀壞了耶路撒冷聖殿。後來羅馬皇帝委任伊都美人大希律為王，他為了討好猶太人，重修了第二聖殿，這座新修的聖殿成為有史以來最宏偉的聖殿，其高度是所羅門聖殿的兩倍，裝飾的黃金令人炫目。聖殿中特地增設的一個供朝聖者聚集的大平臺，至今猶存。

　　西元70年羅馬統帥提多率軍團攻入耶路撒冷，再次焚毀這座聖殿。後來，人們把聖殿廢墟上的石塊和劫後所餘西外牆殘遺壘在一起，壘成一堵長48公尺、高18.3公尺的大牆，稱之為「西牆」 (the Western Wall)，作為聖殿留下的重要遺跡，被猶太人視為最神聖的地方，世世代代受人祭拜、憑弔。

西牆

　　又稱「哭牆」(the Wailing Wall)，是一堵長48公尺、高18.3公尺的大牆，為耶路撒冷聖殿的重要遺跡，猶太教最神聖的

祈禱地。

　　歷史上，西牆一直是猶太朝聖者和祈禱者嚮往的最神聖的猶太聖地。猶太人將它看作民族信仰和團結的象徵，對它極其珍惜。史載：羅馬人占領耶路撒冷後，在猶太人惟一可以進城的阿布月9日，他們都要在此哭泣。以後的千百年中，常有來自世界各地的猶太人，身著傳統猶太服裝，在此或認真祈禱，或手捧《妥拉》，如泣如訴地誦讀經文，或面壁號哭，或用手撫摩牆上的巨石低聲飲泣，或緬懷先人、追憶千百年來猶太民族所遭受的苦難，因此，西牆又稱「哭牆」。

　　1967年「六日戰爭」後，以色列人占領耶路撒冷全地。他們清理了西牆周圍，將之闢為廣場。猶太人也更改了「哭牆」的名字，以盡少喚起人們對一個悲哀過去的追憶。現今，西牆成為以色列國舉行國家慶典和宗教祈禱活動的公共場所。每天從日出到日落都有絡繹不絕的猶太人來此，默禱、反省、悲歎、訴說、痛哭……許多猶太人往牆石縫隙中塞紙條、紙團，把他們的祈願、禱文寫在紙上，寄給上帝，因此，西牆上的一道道巨石的縫隙被稱為「上帝的信箱」（God's Letter Box）。每逢安息日和猶太教節日，這裡更是人山人海，成千上萬的猶太教徒聚集在此，舉行誦經、祈禱儀式或其他宗教活動。猶太教徒從祈禱區經過威爾森拱道進入西牆廣場，但是旅遊者必須從廣場北部規定的建築通道處進入廣場。

摩利亞山

摩利亞山 (Mount Moriah) 為古猶太地名，亦稱聖殿山、神廟山，位於耶路撒冷老城東部。

這裡最早是耶布斯人的一處打麥場，也是傳說中猶太先祖亞伯拉罕準備獻其子以撒為燔祭的地方。據〈創世記〉載，上帝為考驗亞伯拉罕，讓他帶著兒子以撒到摩利亞地去，在上帝指定的地方把以撒殺了獻為燔祭。正當亞伯拉罕舉刀要殺兒子時，上帝的使者阻止住他，讓他用一隻公羊代替以撒獻了燔祭，這就是聞名世界的「替罪羊」故事。後來所羅門和希律王所建造或修葺的耶路撒冷大聖殿曾屹立在這裡。如今，摩利亞山被稱為神廟山，為伊斯蘭教聖寺——阿克薩清真寺（遠寺）和薩赫萊清真寺（岩石寺）所在地。

錫安山

猶太教聖地，「錫安山」(Mount Sion) 亦指耶路撒冷。據猶太教傳說，上帝雅赫威開天闢地的第一道光是從這裡射向全世界的；猶太教還傳說：終有一天，救世主彌賽亞將會出現在錫安山上，對世人進行審判；深沉幽緩的以色列國歌中也唱道：「我們眼望著錫安山」；可見錫安山在猶太人心中的地位。錫安山位於耶路撒冷老城南牆之外，錫安門 (The Zion Gate) 所在之地——西山，山上有許多猶太人基地，山下的大衛王陵和大祭司西緬陵墓是猶太教徒和遊人必去之地。

大衛王陵

　　大衛王陵 (Tomb of King David) 位於錫安山下。儘管專家們認為這一地點不可靠，人們仍然把它當作聖地看待。在猶太人被禁止去西牆祈禱時期，此陵成為猶太教朝聖者的祈禱之地。在高大軒昂的大衛王陵寢正前方擺放著一口寬2.48公尺、高2.44公尺的巨大棺廓，上面覆蓋著繡有大衛星的華貴的墨綠色絲絨。棺廓旁敬奉著幾頂銀製王冠和《妥拉》經卷，豎立著大衛王射殺敵人、野獸使用過的弓箭和彈奏的豎琴模型及七臂燭臺。墓室旁是極為簡樸的大衛王紀念館，其內只有一些小土罐、瓦壺、草筐。牆上貼著幾幅粗拙的鉛印草圖，描寫《塔納赫》中所載大衛王的故事，如大衛用石子打死巨人歌利亞、大衛彈奏豎琴以避掃羅王謀害之災、撒母耳為大衛膏油等情景。

橄欖山

　　橄欖山 (Mount Oliver) 為猶太教徒心目中的聖山，位於耶路撒冷老城離錫安山不遠之處。大衛王最鍾愛的兒子押沙龍在陰謀篡位失敗後，倉皇逃到這裡被殺，現在的「一滴淚教堂」就是這個故事的遺址。這裡也是先知以賽亞拯救國家之地。歷史上，猶太先知曾預言，救世那日到來之時，「上帝的腳將站在橄欖山上」。為此，許多猶太人都希望將自己的墳墓建在這座聖山上，自古以來它一直是安葬猶太人之地，據

說先知撒加利亞就葬在此山腳下。

火焚谷

　　火焚谷 (Gehenna)又稱「托非特」(Topheth)，原指耶路撒冷以南希倫谷中的神坑。古希伯來人在此舉行人祭、虐殺兒童以祭摩洛神，故又稱「兇殺谷」，被視為不祥之地。西元前500年，猶大國王約西亞為廢除異教崇拜，下令將耶路撒冷聖殿中所存的敬拜巴力神、亞舍拉神和眾星辰的器物搬到此處燒掉，將灰燼搗碎，撒在公墓地上；接著下令毀壞此處祭壇，使人們再也不能焚燒兒女，向異神摩洛獻祭。爾後，此處主要供人焚燒城內垃圾，火焰不絕。人們以此處比喻地獄，有時稱之為「地獄之門」，其下方乃「深不可測，燃燒著永火的七層地獄」。

第二節　其他聖地

希伯崙

　　猶太教四大聖城之一，位於耶路撒冷西南，猶地亞山南部谷地中，海拔930公尺，是巴勒斯坦最古老的重鎮之一。它與猶太人的先祖亞伯拉罕、以撒、雅各和大衛有關。西元前18世紀，亞伯拉罕曾長期在希伯崙 (Hebron) 居住。據《塔納赫》記載：亞伯拉罕奉上帝之命，從烏爾城遷到迦南，輾轉

反覆，最後定居在希伯崙西北2公里處被稱為「幔利的橡樹」之地，在此為上帝雅赫威築了一座壇。

　　對猶太人而言，希伯崙最重要之處是麥比拉洞，亦稱「希伯崙族長墓」(The Tomb of the Patriarchs at Hebron)。麥比拉洞是猶太人最重要的墓地。西元前18世紀，猶太先祖亞伯拉罕的妻子撒拉死在希伯崙，亞伯拉罕用四百舍克勒銀子從希伯崙的赫人以弗倫手中買下了麥比拉洞，用來埋葬妻子撒拉。這是亞伯拉罕在迦南置下的第一份產業，麥比拉洞從此成為亞伯拉罕家族的墓地。以後傳說：亞伯拉罕、以撒、雅各，及以撒、雅各之妻利百加、利亞都埋葬在麥比拉洞。許多猶太教古代先知也葬於此。大衛王是在這裡被加冕的。

　　麥比拉洞上方建有真主之友易卜拉辛清真寺。1967年「六日戰爭」之後，1968年以色列政府重新修繕了這些古蹟。麥比拉洞於七百年後，第一次向朝聖者開放。現在穆斯林和猶太人都能進入麥比拉洞，上方的清真寺是穆斯林朝聖之地。希伯崙附近的哈勒胡勒村有先知約拿基。今日常有大批旅遊者到希伯崙參觀麥比拉洞及「幔利的橡樹」等猶太教名勝古蹟。

太巴列

　　猶太教四大聖城之一，原名提比哩亞，位於以色列加利利湖西岸，地處海平面以下200公尺，是世界上地理位置最低的城市之一。太巴列 (Tiberias) 是英語和阿拉伯語的稱呼，猶

太人稱它為「太瓦亞」，源自希伯來語「塔伯爾」一詞，意思是「肚臍」，因為猶太人認為這裡就是世界的「肚臍」。據《塔納赫》記載，太巴列很早曾是以色列十二支族之一拿弗他利支族的屬地。西元17年，希律王之子以羅馬皇帝太巴列的名字給此城命名。

　　早期的猶太人認為太巴列是一座不潔的城市，因為當初此城只是一片名叫「哈麥斯」的墓地，這恰恰是猶太人最忌諱的；直到西元2世紀末，大拉比西緬·巴·約海舉行了特殊的宗教儀式，宣布太巴列從此不再是不潔的城市。

　　西元70年耶路撒冷聖殿被毀後，此城成為巴勒斯坦猶太人居住的主要城鎮。從西元2世紀末、3世紀初開始，太巴列成為猶太人的精神中心。西元3世紀時，猶太教口傳律法《密什那》在這裡編纂；二百年後，《巴勒斯坦塔木德》也在這裡編輯成書；希伯來文字母表的發音形式也是在這裡發明的。

　　作為《塔木德》時代拉比活動中心，太巴列也是歷史上著名猶太學者的安息之地，這裡安葬著那時的許多拉比。從加利利街北端前行約三百公尺，即聞名遐邇的猶太古墓地，這裡埋葬著著名猶太哲學家、大法典學家摩西·邁蒙尼德和許多猶太歷史名人。1204年邁蒙尼德在開羅逝世後，他的遺體被運到這裡安葬。後來猶太人為了紀念他，在這裡建起了一座以他的名字命名的猶太教會堂。在這塊基地裡，還埋葬著約翰南·本·扎凱，他活了120歲。這座古墓西邊的一個斜坡上，有一座醒目的白色建築，是猶太歷史上反對羅馬人統

治的起義領袖阿基巴・本・約瑟的陵墓。西元137年，阿基巴支持巴爾・科赫巴反抗羅馬人的大起義失敗後，在凱撒里亞被羅馬當局令人髮指地活剝而死。他成為猶太人不畏強暴、奮力反抗異族統治者、爭取民族自由解放的精神象徵。

　　此城後被拜占庭帝國統治，西元636年又被阿拉伯人攻占，但猶太人社區一直很繁榮。1187年薩拉丁將十字軍逐出巴勒斯坦後，阿拉伯人將這裡作為加利利的首都，它在猶太史上的地位開始逐步下降。1837年此城毀於地震，後被重建。1882年此城建立了猶太人農業定居點。在英國「託管」期間，此城居民以猶太人為主。如今已成為以色列著名的旅遊城市。

　　太巴列老城南十公里外有一個名叫「巴伊特・耶拉」的小村，西元3～4世紀，猶太人在這裡的羅馬建築物遺址上建造了一座朝向耶路撒冷的猶太教會堂，作為他們履行宗教儀式和精神寄託的一個重要場所。

薩法德

　　猶太教四大聖城之一，猶太教神祕主義聖地，位於以色列加利利湖畔，太巴列以北的一座海拔987公尺的山上，是以色列海拔最高的城市，在希伯來文中，薩法德 (Safed) 意為「從……上方望過去」，它曾是古代宣布新月到來時，點亮信號火堆的山巔。現在以擁有美麗、古老的猶太教會堂而聞名。

　　西元1～2世紀，猶太教法典學者開始定居於此，拉比時期這裡已成為一個重要城市。十字軍時代，這裡曾為交戰雙

方反覆爭奪之地。13世紀薩法德已擁有一個穩定的猶太社團。西元16世紀，這裡成為奧斯曼帝國統治下的猶太城市。猶太人從歐洲和北非等地來此定居。這裡因靠近大拉比西緬·巴·約海的墓地，對於神祕主義者有一種特殊的吸引力，自然聚居了更多的來自歐洲各地的著名神祕主義者，因而成為猶太教神祕主義喀巴拉派的首席神學中心。該派主要學者以撒·本·所羅門 (Isaac Ben Solomon Israel)、約瑟夫·本·卡羅、哈伊姆·維塔爾 (Hayyim Vittal Calabrese, 1543～1620)和最著名的喀巴拉大師摩西·科爾多沃羅 (Moses Cordovero, 1522～1576)、以撒·盧里亞 (Issac Ben-Selomon Luria, 1514～1572) 都居住在這裡，形成了聞名於世的猶太教神祕主義薩法德學派。他們為後人講解喀巴拉神祕主義、制定猶太教律法和誡律，並成功地印刷了第一本希伯來文書籍，使其思想從這裡傳遍整個猶太世界。

　　到17世紀，許多猶太知識分子在這裡孜孜不倦地致力於自己民族文化的傳播事業,使這座擁有二十一座猶太教會堂、十八所學校的小城，成為一個近代猶太文化中心。現在城中居住著許多猶太畫家和其他藝術家，在城北有一幢建於19世紀下半葉的古屋，現已闢為《聖經》博物館。展出數百幅取材於《聖經》的繪畫和雕塑作品，具有很高的藝術和收藏價值。城內同過去喀巴拉學者相聯繫的四個古老的猶太教會堂依然存在。這裡也是歷代著名猶太學者的安息之地，有約瑟夫·本·卡羅、以撒·盧里亞等人的墓地。如今，這裡已成

為猶太教神祕主義的聖地。

伯利恆

位於耶路撒冷以南，猶地亞山頂端，海拔680公尺，有許多猶太教名勝古蹟。

自伯利恆 (Bethlehem) 向南，一直通向希伯崙的大道旁的所羅門池，由三個座落在山谷中的寬闊水池組成，自西向東排列，高度依次遞減，相差僅幾公尺。它們不僅是古代耶路撒冷的水源之地，也是環境幽美的遊覽勝地。

伯利恆還有猶太人先祖雅各妻子拉結的墓地。雅各有妻妾四人，拉結是他最寵愛的妻子，約瑟和便雅憫的母親，她是雅各舅舅拉班的次女。據〈創世記〉講：雅各因欺騙其兄長以掃被迫逃到哈蘭，舅舅拉班處，首先遇到了正在牧羊的美貌俊秀的拉結。他非常喜愛拉結，就按當時習俗，與拉班立約，為拉班做工七年，工價是娶拉結為妻。到了第七年末，拉班卻把長女利亞嫁給雅各，雅各無奈，又為拉班幹了七年活，終於娶到心愛的拉結。拉結為雅各生了約瑟和便雅憫。在生便雅憫時，正是隨雅各回歸迦南的途中，她不幸因難產而死，死後葬在以法他（即伯利恆）的大路旁。雅各在她的墳上立了一個墓碑，以示紀念。

伯利恆也是大衛王的故鄉。大衛是以色列的理想國王，牧童出身，從小機智勇敢，曾為保護羊群赤手空拳地與獅子、熊等猛獸搏鬥。以色列人的第一位國王掃羅因違背上帝雅赫

威的命令而獲罪。雅赫威命令先知撒母耳到伯利恆去膏大衛為國王。當時大衛還是個小牧童，沒有成為正式國王。不久，以色列人與非利士人大戰於以拉谷，大衛主動請戰，用甩石子器打死巨人歌利亞，受到國王掃羅的器重，後來，大衛屢屢戰勝敵人，聲威日高，引起了掃羅的猜忌，大衛不得不逃到猶地亞山區南部以躲避掃羅的迫害。西元前1010年，掃羅陣亡，猶大支族立即擁大衛為王。經過七年努力，大衛終於統一了以色列十二支族，建立了希伯來統一王國，定都耶路撒冷，並將約櫃迎接到耶路撒冷，準備修建聖殿。從此，耶路撒冷成為以色列人的政治和宗教中心。建國後，大衛勵精圖治，制定了宗教禮儀，清查全國人口，組織軍備，開拓疆土，戰勝強敵，成為以色列民族史上的一代明君。大衛還是一位通曉音律的詩人。

伯利恆是猶太教紀念品生產中心之一，盛產以橄欖木和珍珠貝為原料的猶太教聖物工藝品，深受遊人喜愛。

紅海

《塔納赫》中的地名，希伯來文稱為「蘆葦海」，一般認為是今日紅海(Red Sea)北端和沿西奈半島的蘇伊士運河地區及亞喀巴灣一帶，而非今日的紅海。據說，當年希伯來人逃出埃及，沿紅海西岸行進，在比哈希錄一帶駐紮下來。埃及法老派兵追抄其後路。在前有大海，後有追兵的危難之際，上帝刮起東風，使海水一夜退去。希伯來人行於海中如履平

地。法老的騎兵追至海邊，希伯來人已達彼岸。埃及騎兵追
至海中，海水復流如初，把法老的軍隊將士全都淹沒在海中。

西奈山

　　亦稱「何烈山」(Horob) 或「摩西山」，是西奈半島上一
古代山名。據〈出埃及記〉記載，此山是上帝向摩西啟示律
法之山，故又稱為「上帝之山」。摩西因殺死了一個毒打希伯
來人的埃及監工被迫逃到米甸，在那裡替岳父葉忒羅牧羊。
一日他到西奈山 (Mount Sinai) 下放牧，上帝雅赫威在荊棘火
焰中向他顯現，召選他率領希伯來人離開埃及的奴役之地去
迦南。摩西遵循雅赫威之命，率領希伯來人逃出埃及，過紅
海，在出埃及的第三個月來到西奈曠野，在離西奈山不遠的
地方安營紮寨。摩西登上西奈山，接受上帝的啟示。摩西下
山後就將上帝的誡命傳達給希伯來人，與眾民立約永遠尊奉
雅赫威為獨一上帝。

　　西奈山的確切地點至今尚不能確定，但一般人認為，西
奈山是埃及西奈半島中南部的一座花崗岩山峰，位於西奈南
方省境內，海拔2285公尺。由於此山是上帝向摩西曉諭律法
之山，猶太人視之為聖山。從1967年「六日戰爭」直到1979
年歸還埃及時，此山一直在以色列的管轄之下。西奈半島現
歸屬埃及，西奈山已成為重要的宗教朝聖和旅遊的聖地。

庫姆蘭

巴勒斯坦一山地名，又譯庫蘭或昆蘭，位於死海西北岸。

1947年春，一個名叫穆罕默德·伊爾迪伯的阿拉伯牧童在這裡尋找迷失的山羊，他走到一個叫庫姆蘭 (Qumran)的山谷裡，把石頭拐進陡崖峭壁間的一個山洞，聽到了陶瓷被擊碎的響聲，驚奇之餘，他約了其他牧童進到山洞裡，發現了許多陶罐的碎片和一些完整無缺的陶瓷，掀開瓷蓋冒出一股強烈的臭味，瓷內裝著一些用布捲著、又用皮帶捆起來的羊皮卷和蒲草（亦稱紙草）文件。他們便將皮卷捆起來帶到耶路撒冷出賣。輾轉售給了聖馬克修道院、敘利亞東正教大主教阿塔那修·塞繆爾。經後者初步研究認為這是最古老的希伯來文《塔納赫》抄本，立即引起各方面的重視。

1947～1956年，許多考古學者和史學家來此進行系統發掘，就在這個被命名為庫姆蘭1號洞附近，先後又找到了十個古洞穴，依次編為Q1至Q11號洞穴。其中藏有大量的《塔納赫》古卷和其他文獻手抄本，種類多達六百多種，殘片碎片數以萬計。經專家鑒定，為西元前1～西元1世紀時希伯來文《塔納赫》經卷的古抄本，庫姆蘭社團的禮儀手冊、紀律手冊、宗教詩歌等，這批古文獻統稱為《死海古卷》或《庫姆蘭經卷》，其中有迄今為止所發現的〈以賽亞書〉的最早文本，上面的希伯來文現仍可識讀。如此篇幅浩瀚的古卷，在近代史上從來沒有被發現過，因此被西方學術界譽為當代最重大

的古文獻發現。

尼波山

　　巴勒斯坦約旦河東一山地名。尼波山 (Mount Nebo) 與河西杰里柯相對,主峰為比斯迦山巔,在約旦河口東12公里處。從山頂可遙望黑門泉、約旦河流域和死海,山腳下有但城,山脈一直延伸到死海岸邊。此山因摩西死於其處而聞名於世。〈申命記〉34章記載:「摩西從摩押平原登尼波山,上了那與耶利哥相對的毗斯迦山頂。上主把基列全地直到但,拿弗他利全地,以法蓮、瑪拿西的地,猶大全地直到西海,南地和棕樹城耶利哥的平原,直到瑣珥,都指給他看。上主對他說:『這就是我向亞伯拉罕、以撒、雅各起誓應許之地,說:「我必將這地賜給你的後裔。」現在我使你眼睛看見了,你卻不得過到那裡去。』」於是摩西就死在那裡,年120歲。

迦密山

　　迦密山 (Mount Camel) 又稱「卡爾邁勒山」,意為「果木園」,位於以色列海法市內,係黎巴嫩山脈的分支。據《塔納赫·列王紀》載,猶太教先知以利亞曾在此山上同供奉巴力神的異族祭司鬥法獲勝,因此,此山又名為「以利亞山」。山上的以利亞洞(傳說先知以利亞曾在此藏身)是一處猶太教聖地。

「人類如何去信仰」與「人類信仰什麼」
是同樣重要的問題……

從「媽祖回娘家」的三牲五果,到伊斯蘭的齋月禁食;
從釋迦牟尼的菩提悟道,到耶穌基督的流血救贖;
多元的宗教是人類精神信仰的豐富展現,卻也是人類爭
戰不息的原因。
然而,真正的多元化是建立在社會群眾彼此寬容及相互
理解的基礎之上,
「宗教文庫」的企圖,
就是提供各種宗教的基本知識,以做為個人或群體認識
各個宗教的管道。
畢竟,「人類如何去信仰」與「人類信仰什麼」是同樣
重要的問題,
藉由這套叢書多樣的內容,
我們期望大眾能接觸多元的宗教知識,從而培養理性的
態度及正確的信仰。

頓悟之道──勝鬘經講記　謝大寧／著

你不是去信一尊外在的佛
而是去信你自己的心

如果眾生皆有無明住地的煩惱，是否有殊勝的法門可以對治呢？本書以「真常唯心」系最重要的經典──《勝鬘經》來顯發大乘教義，剖析人間社會的結構性煩惱，並具體指出眾生皆有如來藏心；而唯有護持這顆清淨心，才能真正斷滅人世煩惱，頓悟解脫。

唯識思想入門　橫山紘一／著　許洋主／譯

從自己存在的根源除去污穢
而成為充滿安樂的新自己

疏離的時代，人類失去了自己本來的主體性，並正被異化、量化為巨大組織中的一小部分，而如果罹患了疏離感的現代人不做出主動且積極的努力，則永遠不得痊癒。唯識思想的歷史是向人類內心世界探究的歷史，而它的目的就在於：使人類既充滿污穢又異化的心，恢復清淨及正常的本質。

改變歷史的佛教高僧   于凌波／著

大法東來，經典流布
佛門龍象，延佛慧命

佛教的種子傳入中國之後，所以能在中國的土壤紮根生長，實在是因為佛門高僧輩出。他們藉由佛經的翻譯及法義的傳播來開拓佛法，使佛教蓬勃發展。當我們追懷魏晉南北朝時代的佛教及那個時代的高僧時，也盼古代佛門龍象那種旺盛的開拓精神可以再現，為佛法注入新的生命。

伊斯蘭教與中國社會   葛　壯／著

堅定信仰真主的力量
成為優越奮發的穆斯林

曾經有一個虔誠的穆斯林說：「如果我信仰真主，當然是我優越，如果我不信仰真主，這條狗就比我優越。」就因為穆斯林們的堅定信仰，使得阿拉伯的伊斯蘭文化不斷地在中國各地傳播，並與中國各朝代的商業、政治、文化及社會產生了密切的互動。且讓我們走進歷史的事蹟裡，一探穆斯林在中國社會中的信仰點滴。

從印度佛教到泰國佛教
宋立道／著

一尊獨一無二的翡翠玉佛
一段古老而深遠的佛教傳播

南傳佛教歷經兩千餘年的發展，堅定地在東南亞大陸站穩腳跟，成為當地傳統文化的主流，不僅支配人們的道德觀念、影響人們的生活情趣，更成為泰國政治意識型態的一部分。藉由玉佛的故事，且看一代聖教如何滲透到東南亞社會的政治、歷史與文化各方面，以及宗教在人類創造活動中的偉大作用。

印度教導論
摩訶提瓦／著　林煌洲／譯

若可實踐正確之身心鍛鍊
則真實之洞見將隨之而生

由正當的語言、思想及行為著手，積極地提升自己的內在精神，寬容並尊重各種多元的思想，進而使智慧開顯塋達，體悟真理的奧祕，這就是印度教。印度教強調以各種方法去經驗實在及實踐愛，而這正是本書力求把印度教介紹給世人的寫作動力。藉由詳盡的闡釋，本書已提供了一條通往永恒及良善生活方式的線索。

白馬湖畔話弘一　陳 星／著

一處清涼無染的白馬湖畔
一生魅力無窮的弘一大師

碧水漪灩的白馬湖有著桃花源般的寧靜，它以超凡的秉性成為千丈紅塵中的清涼世界；而弘一大師就像引起湖面漣漪的一股清流，他與白馬湖作家群交錯成一幕魅力無窮的人文風景。本書娓娓道出弘一大師在白馬湖居留期間的事跡，讓您沈浸在大師的文心、藝術與佛緣裡。

圓通證道——印光的淨土啟化　陳劍鍠／著

啟化眾生正信
開闢人間希望淨土

佛教自清朝雍正皇帝以降，因未能防止無賴之徒剃度為僧，故僧流猥雜，使得佛法面臨滅法的劫難。在這種逆流的環境下，印光大師續佛慧命，啟化佛教信徒要能慎思明辨、確立正信；他並提倡他力往生的淨土思想，建立求生西方極樂的堅定信念，為人世間開闢了一片希望的淨土。

華嚴宗入門　劉貴傑／著

心能變現一切
修行即是修心

傳說印度龍樹菩薩承大乘行願，發心潛入龍宮的藏經閣讀經，後從龍宮攜出《華嚴經》下本，才得流傳世間。華嚴宗依《華嚴經》而立，以法界圓融無礙為宗旨，宣揚一心含攝無量，並直指唯有修心才能成佛。本書提契華嚴宗的基本概念及主要義理，讓你步入華麗莊嚴的佛法殿堂。

大乘佛教思想　上田義文／著　陳一標／譯

開演大乘佛教思想
耳聞佛法良善知識

大乘佛法的義理精闢艱深，諸如「色即是空」及「生死即涅槃」等看似矛盾的命題，更為一般人所無法清楚地理解；而如果我們不先將這些基本概念釐清，則勢必求法無門。本書以清晰的思路帶領大眾思考大乘佛教的基本概念，並對佛學研究方法提出指引，使佛法初學者與研究者皆能從中獲取助益。